Hinter Mauern ein Paradies

Der mittelalterliche Garten

Mit 24 Abbildungen
sowie zeitgenössischen Texten
Herausgegeben von
Peter Cornelius Mayer-Tasch
und Bernd Mayerhofer

Insel Verlag

Erste Auflage 1998

Bezugspapier: Detail aus
›Maria mit dem Jesuskind in den Erdbeeren‹
(Meister des Paradiesgärtleins, um 1425)
Satz: Libro, Kriftel
Druck: MZ-Verlagsdruckerei GmbH, Memmingen
Schrift: Linotype Sabon
Printed in Germany
ISBN 3-458-19184-4

»Narren hasten, Kluge warten,
Weise gehen in den Garten.«
Rabindranath Tagore

Das Paradies im Quadrat
oder Die Dialektik von Innen und Außen

Gärten sind kulturhistorische ›Dokumente‹ ersten Ranges, die ›gelesen‹ werden wollen. Sie erschließen die sozialen und politischen Verhältnisse ihrer Entstehungszeit und verleihen der Beziehung des Menschen zur Natur in vielgestaltiger Weise Sprache und Ausdruck. Ihre Entstehung verdanken sie den unterschiedlichsten Bedürfnissen und Absichten. Ganz unabhängig davon jedoch, ob es sich bei der gartenarchitektonischen Umsetzung dieser Bedürfnisse und Absichten um private Nutzung oder öffentliche Repräsentation handelt – im Vordergrund steht immer die Gestaltung eines abgegrenzten Raumes durch Veränderung vorhandener natürlicher Gegebenheiten.

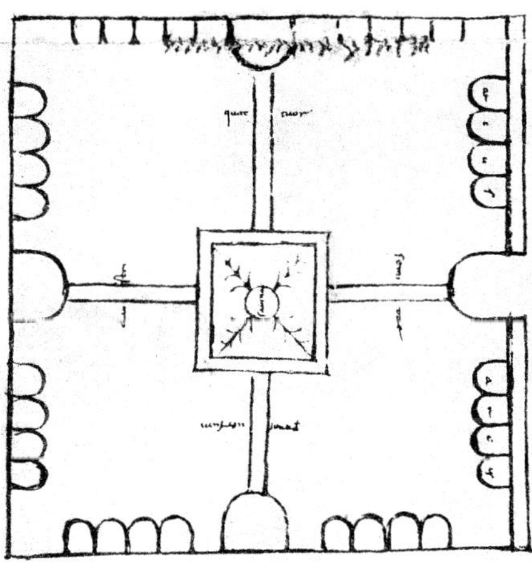

St. Galler Klosterplan von 816:
Großer Kreuzgang der Klausur

Im Vordergrund steht der künstliche Eingriff in ein Stück Natur, das aus seinem gewachsenen Kontext herausgelöst und als Folge seiner Bearbeitung in einen völlig neuen Verweisungszusammenhang eingebunden wird. Für die Gartenkunst ist diese Spannung zwischen natürlicher Landschaft auf der einen und künstlich geschaffener Landschaft auf der anderen Seite geradezu konstitutiv. Indem sie aus dem Angebot der Natur Elemente und Materialien auswählt und nach Maßgabe bestimmter Ordnungsprinzipien (neu) anordnet, schafft sie nicht nur neue Beziehungen und neue Raumstrukturen, sondern zugleich neue Bedeutungen, die die alten überlagern. Diese ›neuen‹ Bedeutungen einer Gartenanlage – zu denen auch beliebige ideelle Widmungen zählen mögen – wollen nicht einfach nur wahrgenommen, sondern vielmehr in Gestalt der Abfolge von Bild- und Raumerfahrungen erlebt werden. Sie erschließen sich dem Betrachter erst in der und durch die nachvollziehbare gestalterische Bewegung, die zu ›führen‹ somit zu einem wesentlichen Anliegen des Gartenarchitekten wird.

Die beiden Grundmodelle der Gartenbaukunst – der am Vorbild einer idealisierten Natur orientierte Naturgarten und der eng an die Baukunst sich anlehnende, durch die Verwendung regelmäßig-geometrischer Kompositionsprinzipien charakterisierte Architekturgarten – unterscheiden sich nicht zuletzt durch die Art und Weise, wie sie das Problem der ›Bewegungsführung‹ zu lösen versuchen. Der ›liberalen‹, auf Spontaneität und Selbsterfahrung setzenden Variante des Naturgartens diametral entgegengesetzt ist die ›autoritäre‹ Variante des Architekturgartens. Für welche Lösung im Spannungsfeld dieser beiden Pole die Gartenkunst sich je und je entscheidet, hängt wesentlich davon ab, in welcher Umgebung sie sich entfalten will.

Sparagus / Spargel
Illustration aus dem späten 14. Jahrhundert zum Tacuinum Sanitatis, einem am sizilianischen Hof im 13. Jahrhundert aus dem Arabischen ins Lateinische übertragenen Handbuch der Gesundheit

In Ländern, »wo die Menschen sich nicht vor einer feindlichen Natur schützen oder sie überwinden mußten, wo sie im Gegenteil Freude daran fanden, eine enge Beziehung mit ihr einzugehen«[1], stoßen wir in der Regel auf eine Gartenbaukunst, die sich von der Formensprache der Natur leiten ließ. In China war dies der Fall, in Japan und im Einflußbereich des kretisch-mykenischen Kulturkreises. Wo dagegen – wie beispielsweise in Persien und Ägypten – der Natur »in von Sonne verbrannter und ausgedörrter Umgebung«[2] die Voraussetzung für Seßhaftigkeit und landwirtschaftliche Produktion mühsam abgerungen werden mußten, dominierte zumeist die zweite Variante. Gerade sie schien in besonderer Weise dazu angetan, in einer »unordentlichen Welt« dem Bedürfnis nach Ordnung nachdrücklich Ausdruck zu verleihen: »Der erste Urgarten ist ein Triumph der Ordnung, ein Paradies im Quadrat, ersonnen in der ebenen Wüstenlandschaft Persiens. Eine Außenmauer schirmt ihn ab von der unordentlichen Welt.«[3]

Gärten dieser Art sind exklusive Einrichtungen im ursprünglichsten Sinne des Wortes – sie grenzen aus: eine übermächtige, nicht domestizierbare Natur und das einfache Volk, dem sie zu Zeichen einer alles menschliche Begreifen übersteigenden Herrschaft wurden, die hinter Mauern den Blicken entzogen, das Arkanum der Macht inszeniert. Die Mauer trennt Welten: den nomadisierenden ›Barbaren‹ vom seßhaften Kleinbauern, den besitzlosen Landarbeiter vom mächtigen Potentaten, den Gärtner von seinem Herrn, die schweißtreibende Arbeit unter glühender Sonne vom Lustwandel im kühlen Schatten der Akazien oder Palmen. Die Mauer trennt Arbeit und Müßiggang und weckt nicht zuletzt dadurch Begehrlichkeiten. Indem sie den Blick versperrt, stimuliert sie die Phantasie der Ausgeschlossenen, die hinter der Mauer nicht selten eine Pracht vermuten, an die die Wirklichkeit nicht heranreicht. Als un-

Rosmarin als Kübelpflanze. 1518

durchdringlichste Form der Umhegung wird die ›Mauer‹ zum Inbegriff der Abgrenzung – und damit zugleich auch zur differentia specifica für den Garten. Der ›Garten‹ nämlich ist dem indogermanischen Wortstamm ›ghordo‹ entwachsen, was so viel wie ›Flechtwerk, Zaun, Hürde‹ bedeutet und sich auch im griechischen ›chórtos‹ und im lateinischen ›hortus‹ spiegelt. Kein Garten also ohne ›Mauer‹. Und auch das altpersische ›pairi-dae'-za‹ – unser ›Paradies‹ – bedeutet seinem Ursprung nach nichts anderes als ›Umzäunung, Umwallung‹. Im Spätjüdischen wurde daraus der Name für den Garten Eden – und ein Mythos, der bis heute nichts von seiner Faszination verloren hat.

Gärten sind künstliche Paradiese; in ihnen wächst und gedeiht in absichtsvoller Konzentration, was außerhalb ihrer Mauern nur in verstreuter Vereinzelung aufzufinden ist oder gar zum Untergang verurteilt wäre, was der Pflege und Obhut bedarf, um sich zu voller Blüte zu entfalten: seltene Blumen, heilende Kräuter, fruchttragende Bäume – aber auch Kunst und feine Lebensart. Aus dem Schoß der Natur treibt der Mensch hinter Gartenmauern den empfindsamen Sproß der Kultur. Und hinter diese Mauern zieht er sich zurück, um sich dem uralten Traum von einem Leben in Einklang mit der Natur hinzugeben.

Mit ihrer Vorliebe für rechteckige Grundrisse und für eine planvoll-regelmäßige Nutzung der einzelnen Gestaltungselemente hat die europäische Gartenbaukunst nicht nur wesentliche Gestaltungsprinzipien der altorientalischen Gartenkunst übernommen, sondern sich auch jene Dialektik von Ordnung und Unordnung, von Ausgrenzung und Einhegung zu eigen gemacht, als deren sinnfälligster Ausdruck die Mauer gelten kann. Ohne sie, ohne die vor fremden Blicken und Zudringlichkeiten schützende, die Gefahren der nichtzivilisierten Natur abwehrende – Ordnung von Unordnung scheidende – Außenmauer, gäbe es die für die Geschichte der Gartenbaukunst so bezeichnende Dialektik von Innen und Außen nicht, würden die Konturen der Gartenbaukunst gemeinsam mit denen ihrer Schöpfungen zerfließen.

Recht besehen, stünden Identität und Fortbestand einer Kultur bzw. Zivilisation schlechthin auf dem Spiel. Nur intra muros kann – im weitesten Sinne des Wortes verstandene – Gartenkultur entstehen. Nur im umhegten Raum vermag eine Gartenkunst sich zu entfalten, der die Domestizierung der Natur, ihre Unterwerfung unter den Gestaltungswillen des Menschen, wesentlichstes Anliegen ist.

Arcita und Palemone erblicken Emilia
Mariotto di Nardo. Anfang 15. Jahrhundert

Gartenkultur als Ausdruck der sozioökonomischen Situation

Christian Cayus Laurenz Hirschfeld, königlich-dänischer Justizrat und ordentlicher Professor der Philosophie wie der schönen Künste zu Kiel, hat in der Einleitung seiner fünfbändigen *Theorie der Gartenkunst* (1779-1785) einige »vorläufige Betrachtungen« angestellt, die geeignet erscheinen, den engen Zusammenhang von Gartenkultur und gesellschaftlichem Entwicklungsstand deutlich werden zu lassen. So steht für ihn zweifelsfrei fest, daß der Anlage und Gestaltung von Gärten eine bestimmte Denkungsart zugrunde liegt, die ihrerseits wiederum Ausfluß eines bestimmten Zivilisationsniveaus ist. Ganz im Geiste der Aufklärung vermag er die »Spuren der Gartenkunst« nur dort zu suchen und zu finden, wo »Zeiten des Lichts, der Ruhe und der gemilderten Sitten« herrschen. Was jedoch, so Hirschfeld weiter, »kann man hoffen, davon bey Völkern zu finden, die noch in dem Stande der ersten Wildheit leben, deren ganze Thätigkeit auf die Befriedigung ihrer vielen natürlichen Bedürfnisse eingeschränkt ist, die von der Noth zur Jagd und zum unstäten Leben hingerissen werden?«

Wäre es nicht erst recht widersinnig, die Pflege der Gartenkunst bei einem Volk zu vermuten, »das beständig in Waffen steht, Unruhe sucht ..., und mehr Vergnügen in Anfällen und Herumschweifungen findet, als in der Vertheidigung und dem Anbau einer Gegend«?[4] Wo der Naturzustand herrscht, die Not regiert und das ausschließliche Interesse der unmittelbaren Bedürfnisbefriedigung gilt, kann es nach Ansicht des philosophierenden Justizrats zwar Gärten, nicht jedoch eine Gartenkultur im eigentlichen Sinne des Wortes geben.

Die zeitgenössische Wissenschaft hat sich diese Ansichten

weitgehend zu eigen gemacht: Solange die Menschen hauptsächlich damit beschäftigt waren, »der Wildnis die Kulturlandschaft abzuringen und gegen sie zu behaupten«, blieb der Garten ›reine Ertragsfläche‹[5], war seine Anlage und Gestaltung weitgehend abhängig von den Notwendigkeiten des Lebens und Überlebens in einer überwiegend als feindlich erfahrenen Umwelt. Dort jedoch, wo infolge der Ausbildung einer arbeitsteilig organisierten Ökonomie und der Entstehung komplexer Sozialverhältnisse der Zustand der unmittelbaren Bedürfnisbefriedigung überwunden und ein Überschuß erwirtschaftet wurde, der direkt den Angehörigen der herrschenden Eliten zugute kam, gesellte sich zum Nutzgarten der Lustgarten, erweiterte sich der bloße Garten(an)bau zur Gartenkunst. Pointierter formuliert: Erst der ökonomische Funktionsverlust des Nutzgartens läßt eine Gartenkultur entstehen, die der Freude an einer »durch die Schöpferkraft des Menschen überhöhte(n) Natur«[6] ebenso Ausdruck zu verleihen vermochte wie dem Bedürfnis nach öffentlicher Selbstdarstellung und Repräsentation.

Begleitet, wenn nicht vorbereitet, wurde diese Entwicklung von einem Wandel des Naturverständnisses: Dort, wo die Abhängigkeit von der Natur infolge unzureichender Produktionsmethoden und eines ausschließlich an der unmittelbaren Bedürfnisbefriedigung orientierten Produktionsstils noch ganz unmittelbar erlebt und empfunden wurde, dominierte aus verständlichen Gründen eine Auffassung, die in der Natur gewaltige, geheimnisvolle Mächte und Kräfte am Werk sah – Mächte und Kräfte, die nicht nur das Dasein der Menschen, sondern auch das der Götter lenkten. Wollte man sich ihnen nicht bedingungslos unterwerfen, so schien es infolge des Mangels an entsprechenden Beherrschungstechniken nur die Möglichkeit zu geben, die Natur mittels magischer Praktiken gleichsam zu bannen und damit freundlich zu stimmen. Das Opfer, das man der Natur brachte, sollte um Verzeihung bitten für das, was man ihr raubte. Gleichwohl wußte man sich bei aller Unterwerfung unter und Anverwandlung an die Natur, doch eins mit ihr, hatte man teil an dem Zauber, der sie begrenzen sollte. Jenes unschuldige Vergnügen an den »Reizungen der schönen Natur«[7] (Hirschfeld) konnte sich unter solchen Umständen verständlicherweise nicht ausbilden.

Auf gestaltete Natur als ›ästhetisches Stimulans‹ stoßen wir erst dort, wo – wie in den altorientalischen Gesellschaften – große kollektive Anstrengungen notwendig waren, um der Natur die Überlebensbedingungen abzuringen. Sehr bald grenzt sich in diesen Gesellschaften von der Masse der überwiegend bäuerlichen Bevölkerung eine herrschende Elite von Grundbesitzern ab, die sich nicht nur den kollektiv erwirtschafteten Überschuß aneignet, sondern infolge der Freistellung von jeglicher Art körperlicher Tätigkeit auch ein völlig neues Verhältnis zur Natur zu entwickeln beginnt. Zwar gilt auch für den überwiegend in bäuerlichen Verhältnissen lebenden Menschen des Altertums, daß er »noch nicht in der Lage (war), sich aus der Natur herauszulösen und sich entschlossen der natürlichen Umwelt entgegenzustellen«. Seiner Abhängigkeit von der Natur entsprach »die Unfähigkeit, sie als Objekt zu erkennen«[8]. Soziale Evolutions- und Differenzierungsprozesse, die Weiterentwicklung der Produktionsmethoden und die Freisetzung von der (Garten)Arbeit führten jedoch dazu, daß die Natur zunehmend ihr freundliches Gesicht zeigte – jedenfalls den Mitgliedern der aus Verwaltungsbeamten, Priestern und reichen Grundbesitzern bestehenden Macht-, Kultur- und Wirtschaftseliten. Natur wird nicht länger nur als schicksalhafte Größe erfahrbar, sondern auch als instrumentell kalkulierbare und domestizierbare ›Realität‹. Zwar geht

Der Baum und das Heilige
Baum, als dessen Blüten die Heiligen Brabants erscheinen. Um 1480

der unmittelbare Bezug zur Natur mehr und mehr verloren, dafür wächst aber die Einsicht in ihr ästhetisches Potential. Der sinnlichen Freude an einer künstlich zugerichteten Natur, die Zeugnis abzulegen hat vom Gestaltungs- und Machtwillen ihres menschlichen Schöpfers, begegnen wir nun ebenso wie dem geistigen Bedürfnis, der amorphen Materie eine als Exzerpt kosmischer Strukturmuster verstehbare Form zu verleihen. In den als Gesamtkunstwerken geplanten, streng regelmäßig angelegten Gärten der altorientalischen Hochkulturen – Oasen der Wonne gleichermaßen wie Chiffren der Herrschaft – finden beide Motivationskomplexe ihren exemplarischen Ausdruck. Sie bleiben auch dort noch lebendig, wo – wie etwa im antiken Griechenland – infolge gänzlich anderer geographisch-klimatischer Umweltbedingungen und gesellschaftlicher Strukturen die Vorliebe für die natürliche Landschaft das ›architektonische‹ Paradigma ablöst und an die Stelle der repräsentativen Gartenkunst eine eher an ›praktischen‹ Nutzungsabsichten orientierte, kleinräumige und detailverliebte Gartenkultur tritt, die symmetrisch-geometrische Gestaltungselemente zwar beibehält, diese jedoch nicht das Gesamterscheinungsbild der Gartenanlage dominieren läßt.

Sowohl bei den Ägyptern und Persern als auch bei den Griechen stehen die Anfänge der Gartenbaukunst ganz im Zeichen eines sakralen Dienstes an der Natur: Für alle drei Kulturen ist die Existenz sogenannter ›heiliger Haine‹ überliefert – Hauptstätten der Götterverehrung, die einer besonderen Pflege für Wert befunden wurden. Den Ägyptern und Persern ebenso wie den Griechen – und übrigens auch den Germanen – galt der Baum als Symbol des Lebens, seine Pflege als eine heilige Handlung.[9] Einzelne Bäume wie auch bewußt angelegte Baumpflanzungen wurden den Göttern geweiht und zum Ort eines regelrechten Baumkultes, der in gewisser Weise die zum Teil bereits aufgebrochene Einheit mit der Natur wieder herstellen sollte. In der aus einer Verschmelzung antiker Gartenkunst mit christlichen Kulturelementen hervorgegangenen mittelalterlichen Gartenkunst wird uns – wenn auch in gewandelter Form – dieses sakrale Naturverständnis ebenso wiederbegegnen wie ein an spätantiken Ideallandschaftsvorstellungen geschultes ästhetisches Naturempfinden, das sich mit einem besonderen Interesse für den Garten und seine Gewächse verbindet.

Gartenkunst als transzendentale Raumkunst

Ebenso wie die Ansichten über das Verhältnis von Natur und Kunst sind auch die Anlage und die Gestaltung von Gärten Ausdruck ihrer Zeit, an soziale, ökonomische sowie im weitesten Sinne kulturelle Voraussetzungen gebunden. Diese Voraussetzungen schränken den philosophischen und künstlerischen Gestaltungsspielraum ein, eröffnen dadurch jedoch überhaupt erst jenen Raum, innerhalb dessen philosophische Reflexion und gestalterischer Ausgriff zur Entfaltung gelangen können. Die Gartenkunst des Mittelalters ist in einem zweifachen Sinne Raumkunst: Zum einen organisiert sie den Naturraum nach Maßgabe bestimmter Funktionsanforderungen und Ordnungsprinzipien; darin unterscheidet sie sich nicht von der Gartenkunst früherer Epochen: Zum anderen weiß sie sich eingebunden in einen sakralen Raum, eingebunden in »ein abgeschlossenes System mit heiligen Zentren und profaner Peripherie«[10], dem sie – gleich den anderen Künsten – zu symbolischem Ausdruck verhelfen soll und will. Dienten in der Antike die Götter dem Garten – erinnert sei nur an den Brauch, Statuen von Schutzgöttern (wie etwa Priapus) im Garten aufzustellen –, so verhält es sich nun umgekehrt: Der mittel-

Madonna mit Hortus conclusus. 17. Jahrhundert

alterliche Klostergarten wird zum »Abbild des von Gott als höchstem Gärtner angelegten Paradieses«[11], die (mönchische) Gartenkunst tritt analog dazu in den ›Lehensdienst‹ des allmächtigen Schöpfers. Von ihm empfängt sie Benedicium wie Beneficium; nur durch die Arbeit an seiner Verherrlichung vermag sie ihr Dasein zu rechtfertigen, hierin durchaus dem ›Material‹ ähnlich, das sie gestaltet – der Natur.

Als geschaffene ist Natur, sofern sie nicht als jene äußerliche Macht in Erscheinung tritt, »die es gleich den Heiden zu domestizieren gilt«[12], mittelalterlichem Verständnis zufolge »Ausdrucksmittel der Gottheit, Sinnbild des Ewigen«[13], Strafe und himmlisches Versprechen zugleich. Sie will gelesen und gedeutet, will verstanden werden. Dies allerdings stets nur als Repräsentantin eines Höheren und nicht etwa um ihrer selbst oder gar der Befriedigung intellektueller Neugier willen. Ihre sinnenhafte Schönheit ist Spiegel einer überweltlichen Schönheit, die alles Irdische weit übersteigt. Der Kunst wird damit die Aufgabe gestellt, diese ›unfaßbare‹ Schönheit sinnlich zu vergegenwärtigen. Zu Hilfe kommt ihr dabei der Umstand, daß Gott die Welt in ihrer Ganzheit wie ein Kunstwerk gestaltet hat, dessen einzelne Teile sich sowohl zueinander als auch zum Ganzen in vollkommener Harmonie verhalten. An seinem Vorbild und damit an der harmonischen Ordnung einer als Schöpfung begriffenen Natur hat sich die figurativ-räumliche Ordnung der Kunst zu orientieren, wenn sie auch nicht die Hoffnung hegen kann, an die Gipfelhöhe des Schöpfungswerkes heranzureichen.

Aufmerksamkeit verdient in diesem Zusammenhang die Tatsache, daß die der Kunst- und Architekturtheorie des Mittelalters zugrunde liegende Harmonielehre auf einer Zahlenmystik gründet, deren Ursprünge weit in die ›heidnische‹ Antike zurückreichen. Bereits Pythagoras und Platon galten die Zahlen als die Grundlage kosmischer Ordnung. Von den Kirchenvätern wurde die antike Zahlenmystik weiter ausgebaut und zur Grundvoraussetzung aller Schöpfung gemacht: »Alle Wesen haben Gestalten, weil sie Zahlen haben; nimm ihnen diese und sie werden nichts sein« (Augustinus). Wissenschaft und Kunst betrachteten Zahlen folgerichtig nicht so sehr als Mittel zur Konstruktion und Komposition, sondern als Symbole für den von Gott nach Maß, Zahl und Gewicht geordneten Kosmos.[14] Heute kann nicht mehr mit Sicherheit festgestellt werden, in welchem Maße theologische Zahlenspekulationen den Architekturentwurf strukturierten. Daß sie es taten, bezeugen nicht zuletzt die frühen Klostergärten des Mittelalters. Ihr ›Raumprogramm‹ bestimmen nicht nur praktische Nützlichkeitserwägungen, sondern auch eine in geometrische Figuren umgesetzte christliche Zahlensymbolik, auf die noch zurückzukommen sein wird.

Eine für die Entwicklung der mittelalterlichen Gartenbaukunst folgenreiche Entsakralisierung des Naturraums ist erstmalig im Hochmittelalter zu beobachten, als die höfische Kultur die mönchische ablöst und neben die geistig-seelische Erbauung durch die Natur auch körperliche Erholung und Genuß (des eigenen Ichs) in der Natur treten. Wohl bleiben die Klostergärten, bis dahin die wichtigsten Träger mittelalterlicher Gartenkultur, weiterhin ein unverzichtbares Element derselben. In Gestalt der Burg-, Schloß- und Stadtgärten erwächst ihnen jedoch eine ›weltliche‹ Konkurrenz, der sie bald schon die ›Führungsrolle‹ abtreten müssen. Die Anweisungen des Albertus Magnus zur Anlegung eines Lustgartens[15] dokumentieren diesen Bruch ebenso wie die blühenden Gärten des literatur- wie gartenhistorisch gleichermaßen bedeutsamen Rosenromans[16] – Orte nicht länger der himmlischen, sondern der irdischen Liebe. Sie sind nunmehr dem Vergnügen geweiht und nicht zur Kontemplation bestimmt, sind von einer Kunst veredelt, die höfischer Lebensart Raum und Ausdruck verschaffen soll und ihr Lehen, statt aus der Hand Gottes, aus der des adligen oder städtischen Auftraggebers empfängt.

Die mittelalterliche Gartenkultur und ihre Vorläufer

Die mittelalterliche Gartenkultur wurzelt – wie die europäische Gartenkunst insgesamt – in einer jahrtausendealten Tradition, die sie en gros verwirft, weil sie sie nicht kennt oder ihr die Mittel zu deren Rekonstruktion fehlen, die sie en detail gleichwohl beerbt, ohne dies allerdings ausdrücklich zu erwähnen oder gar in bewußter Fortführung kenntlich zu machen. Nichts an den mittelalterlichen Kloster- und Burggärten ist im buchstäblichen Sinne originell, nichts wirklich eine creatio ex nihilo; alles ist Plagiat, Übernahme, Nachahmung. Wie sollte es auch anders sein – vor allem das frühe Mittelalter ist eine Übergangszeit, eine Zeit des Suchens. Wo gefunden wird, wird Altes neu erfunden: Verschüttetes ausgegraben, auf Kleinformat zurechtgestutzt und in eine andere Sprache übersetzt. Wirklich originell ist nur der Übertragungsakt selbst, der von Berührungsängsten weitgehend freie Kulturtransfer. Sein Agent ist die Kirche, sein wichtigstes Medium das Kloster.

Am Anfang war die Wüste. Dies mag auf den ersten Blick seltsam erscheinen, wird jedoch sofort verständlich, wenn man sich vor Augen führt, daß sich der gesamte europäische Gartenbau aus der ägyptischen Gartenform entwickelte und Ägypten – natürlich mit Hilfe des lebensspendenden Nils – alle Kulturleistungen der Wüste abtrotzen mußte. Die ägyptischen Gärten wurden rings um Wasserspeicher und längs geradliniger Bewässerungskanäle angelegt. Ähnliches gilt für die persischen Gärten, denen in der Geschichte des Gartenbaus ein besonderer Platz zukommt. Von den Ägyptern haben die Perser das Axialitätsaxiom übernommen und in bis dahin ungeahnter Weise radikalisiert: Der persische Garten ist strikt formal und war gewöhnlich in Kreuzform angelegt; zwei Hauptkanäle gliederten ihn in vier Teile, die den vier Vierteln des Universums entsprechen sollten. Den Mittelpunkt bildeten in der Regel ein großes Wasserbecken, in großen, durch Nebenkanäle weiter unterteilten Gärten kleine Springbrunnen. Das Besondere an den persischen Gärten: Alle waren sie von einer hohen Mauer umschlossen – paradiesische Oasen inmitten riesiger, glühender Wüsten.

Fest im Garten des Herzogs von Mantua
Sébastien Vrancs. Um 1595

Mit dem Vormarsch des Islam gelangte der ›persische Stil‹ im Osten bis nach Indien und im Westen bis nach Spanien und Zentraleuropa. Hier traf er auf die Reste der ebenfalls ägyptisch inspirierten römischen Gartenbaukunst. Und aus beider Verschmelzung entstand, was wir als europäische Gartenkunst bezeichnen. Ein Wort noch zu den Römern: Sie waren begnadete Eklektiker und Meister des ›savoir vivre‹. Tatsächlich gab es keine Form der Gartenkunst, die im Alten Rom nicht betrieben wurde: Wir wissen von Wald- und Landschaftsgärten, von phantastischen Grotten, von der römischen Schwäche für den Formschnitt. Wir kennen die römische Vorliebe für Wasserspiele, Pavillons und Plattenwege. Und wir beobachten, wie sich die Architektur der italienischen Gärten bemächtigt – bis hin zur totalen Durchdringung von Haus und Garten. Im selben Maße, in dem sich die gestaltete Natur mit Architektur füllt, öffnet sich auch die Architektur der Natur: Der Garten dringt ins Hausinnere ein. Die Grenzen lösen sich auf – und sie taten dies auch, weil nun mit Vorliebe in erhöhter Lage gebaut wurde und der weite Rundblick gestaltete und ungestaltete Natur in einer berauschenden Perspektive zusammenzwang.

Verglichen mit der hochentwickelten Gartenkultur des Altertums nimmt sich die des Mittelalters bescheiden aus. Weder finden wir hier repräsentative Palastgärten und Tempelanlagen, wie sie für die ägyptische Gartenkultur zur Zeit des Alten Reiches (2660-2160) überliefert worden sind, noch jene gewaltigen, vorwiegend zur Jagd bestimmten Parkanlagen, wie sie 2000 v. Chr. das Gilgamesch-Epos beschreibt. Auf einem eindrucksvollen Gewölbesystem beruhende Terrassengärten wie die ›Hängenden Gärten der Semiramis‹ in Babylon kennt das Mittelalter ebensowenig wie jene riesigen Gartenanlagen der Perser, in denen ganze Heerlager Platz fanden und große

Volksfeste veranstaltet wurden. Selbst die uns zeitlich näherstehende Gartenkultur der griechisch-römischen Antike, in der profane Zwecksetzungen die Repräsentationsfunktion weitgehend verdrängen und an die Stelle ausgedehnter Palastanlagen der reich geschmückte Gartenhof des Stadthauses oder die großräumigere Anlage des Landsitzes treten, findet im Mittelalter nur eine vergleichsweise bescheidene Fortsetzung.

Dieser Befund sollte freilich nicht zu der Annahme verleiten, daß es so etwas wie eine nennenswerte Gartenkultur in dieser Epoche nicht gegeben hätte. Mochte sich auch für den ›aufgeklärten‹ Zeitgenossen des 18. Jahrhunderts – ähnlich wie für den Renaissancehumanisten – das Mittelalter als dunkle, kulturlose Zwischenzeit darstellen, deren Leistungen auf dem Gebiet der Gartengestaltung kaum der Erwähnung wert waren, so sprechen doch die zahlreichen Zeugnisse aus Literatur und bildender Kunst, in denen mittelalterliche Gärten geschildert und dargestellt werden, eine deutlich andere Sprache. Ganz unabhängig davon, ob es sich um Minnelieder, höfische Epen und Heldensagen oder um Marienbilder, Textillustrationen und Kupferstiche mit Liebesallegorien handelt – allesamt vermitteln diese Darstellungen ein anschauliches Bild mittelalterlicher Gartenkultur, das sich durch eine erstaunliche, wenngleich oft typisierte Vielfalt auszeichnet und in seiner Gesamtheit durchaus geeignet ist, über den Mangel an Überresten mittelalterlicher Kloster-, Burg- oder Stadtgärten hinwegzutrösten. Reichen die Textangaben und visuellen Überlieferungen oft auch nicht aus, Anlage und Gestaltung eines bestimmten Gartens historisch getreu nachzuzeichnen – eines vermögen sie immerhin: deutlich zu machen, daß es *den* mittelalterlichen Garten als unverwechselbare Größe nicht gegeben hat, wohl aber bestimmte Elemente, die in allen mittelalterlichen Gartendarstellungen immer wiederkehren und hinreichenden Beleg dafür bieten, die mittelalterliche Gartenkultur von der des Altertums und der Neuzeit abzugrenzen.

Vor vorschnellen Verallgemeinerungen aber muß gewarnt werden. In entwicklungsgeschichtlicher Hinsicht zerfällt die fiktive Einheit des Mittelalters nämlich in drei Kulturperioden von ausgeprägter Eigenart: in die des frühmittelalterlichen, naturalwirtschaftlich geprägten Feudalismus, in die des hochmittelalterlichen, höfisch orientierten Rittertums und in die des spätmittelalterlichen Bürgertums. Jeder dieser Perioden entsprechen bestimmte Gartenvorstellungen, welche wiederum aus deren besonderer Haltung zur Natur und damit auch aus ihren besonderen Anforderungen an den Garten entspringen.[17] Soll daher die Rede vom mittelalterlichen Garten nicht eine leere Abstraktion bleiben, so gilt es, diese Differenzen zu berücksichtigen und den Kosmos mittelalterlicher Gartenkultur in seine unterschiedlichen Gartenwelten – die der mönchischen, der ritterlich-höfischen und der frühbürgerlich-städtischen – aufzufächern.[18]

Der Klostergarten als mittelalterliche Gartenkultur par excellence

Die Klöster und damit auch die Klostergärten des frühen Mittelalters sind gleichermaßen Produkte des Niedergangs wie des Neuanfangs. Die mit der Abdankung von Romulus ›Augustulus‹ besiegelte Liquidation des weströmischen Reiches im Jahre 476 markiert – zumindest für den größten Teil Europas – das Ende einer einst komplex organisierten, vom Handel geprägten, städtischen Zivilisation. An ihrer Stelle erwächst aus dem Kontakt und der allmählichen Verschmelzung zweier

Ernte im Obstgarten
Illustration zum Tacuinum Sanitatis aus dem späten 14. Jahrhundert

Gesellschaften – der der ›barbarischen‹ Eindringlinge und der der romanisierten Einheimischen – eine bäuerlich-ländliche Zivilisation, deren materielles Niveau (nicht zuletzt infolge des Rückgangs sowohl der ökonomischen Aktivitäten innerhalb der Städte als auch des Ackerbaus auf dem Lande) anfänglich derart niedrig ist, daß sich notgedrungen sämtliche Kräfte auf den Kampf ums Überleben beschränken müssen. Diesen Kampf führen die Menschen mit unzulänglichen Waffen und gegen eine scheinbar übermächtige Natur, die sich in den ersten Jahrhunderten des Mittelalters ständig weiter ausdehnt: Selbst früher dicht besiedelte und intensiv bewirtschaftete Gebiete fallen wieder an sie zurück.[19] Städte und Dörfer werden gleichsam von ihr verschlungen. Das ehemals umfangreiche Wege- und Straßennetz verschwindet unter einem dichten Teppich wuchernder Vegetation. In Westeuropa breitete sich die Steppe bis nach Pannonien im mittleren Donaubecken aus.[20] Überall stößt der Reisende auf riesige, zusammenhängende Waldgebiete, die fast die gesamte natürliche Landschaft bedecken. »Die Welt schien zum großen Schweigen ihrer Anfänge zurückgekehrt, da weder Mensch noch Tier sie bevölkerten.«[21]

Dafür jedoch, daß bereits zu dieser Zeit ein Teil des kultivierten Landes gartenbaulich genutzt wurde, sprechen die zahlreichen Gesetze, die den Obstdiebstahl oder das Eindringen in Gemüsegärten unter Strafe stellten. Die Lex Bajuvariorum (um 745) beispielsweise sieht für das Betreten eines Gartens (bestehend aus mindestens 12 Obstbäumen) in diebischer Absicht eine Strafe von 3 Schilling vor. Für Obstbaumfrevel mußten gar 40 Schilling bezahlt werden, davon 20 an die Staatskasse. Überdies wurde der ›Frevler‹ neben einem jährlichen Bußgeld von 1 Schilling dazu verpflichtet, gleichartige neue Bäume zu pflanzen.[22]

Diese Obstbaum-Schutzgesetze sind zum einen Ausdruck eines weit in die Vorgeschichte zurückreichenden Baumkultes, gleichzeitig legen sie aber auch Zeugnis ab für die soziale und wirtschaftliche Bedeutung, die den Bauerngärten im Kontext der Daseinsvorsorge zukommt. Zusammen mit der Weideviehhaltung und der erst allmählich vordringenden Agrarwirtschaft sichern sie den Lebensunterhalt des Menschen in einer weitgehend wieder zur Wildnis gewordenen Natur, deren Launen der Mensch vielfach wehrlos ausgeliefert ist. Gartenkultur im frühen Mittelalter ist somit integraler Bestandteil einer durch die Tendenz zur Befriedigung der grundlegenden Bedürfnisse aus der eigenen Produktion charakterisierten Naturalwirtschaft.[23]

Diese Feststellung trifft auf die eng mit dem Haus verbundenen und durch Holzpalisaden, Hecken oder Ähnliches von der Außenwelt abgetrennten Gärten der bäuerlichen Bevölkerung ebenso zu wie auf die größer dimensionierten, sich durch den Anbau vielfältiger Produkte auszeichnenden Nutzgärten der adeligen Grundherrschaften. Das *Capitulare de villis* Karls des Großen (768-814), eine um das Jahr 800 entstandene Verordnung über die Bewirtschaftung der königlichen Domänen, belegt die frühe Förderung des Gartenbaus durch den Kaiser – und den dabei dominierenden Nutzengesichtspunkt. Neben dem Getreideanbau, der Pflege von Wiesen und Wäldern und dem Weinbau wird darin ausführlich auch auf den Gartenbau eingegangen. Der letzte Abschnitt führt alle Pflanzen und Kräuter an, die Karl der Große angebaut zu sehen wünschte; die Liste ist sehr lang. Neben den klassischen Gemüse-, Obst- und Kräutersorten sollten auch Blumen wie Rose und Lilie gepflanzt werden. Ziel des Erlasses war es, nicht nur die Versorgungssituation der Bevölkerung zu verbessern, sondern vermittels des Anbaus von Heilkräutern auch Krankheiten erfolgreicher bekämpfen zu können. Der Landesherr als sorgender ›pater familias‹!

Profane Nutzenaspekte dominieren auch die frühen Klostergärten. Allerdings verbinden sie von Anfang an den Versorgungsgesichtspunkt mit einem kontemplativ-meditativen Anliegen, geben dergestalt Raum für eine freilich noch der Theologie untergeordnete ästhetisierte Naturbetrachtung und erweitern dadurch das Nutzungsspektrum des Gartens um eine – zumindest im Europa der Übergangszeit von der Spätantike zum frühen Mittelalter – nicht gekannte Dimension. Die ersten abendländischen Klöster entstanden in der zweiten Hälfte des 4. Jahrhunderts. Zumeist handelte es sich dabei um private ›Hausklöster‹, deren Gründung auf königliche oder hochadelige Initiative zurückging und die von Anfang an in die kirchliche Organisation eingebunden waren. Im Zuge der iro-angelsächsischen Mission erhielt das kontinentale Mönchtum neue Impulse. Nach den Angaben von Duby wurden allein in Frankreich im 7. Jahrhundert mehr als zweihundert Klöster auf den Fundamenten ehemaliger römischer villae gegründet.[24]

Spätestens aus dieser Zeit datiert eine der wichtigsten Aufgaben des Klosters – die Urbarmachung ungenutzten Landes. Beschränkte man sich anfänglich auf eine Ausweitung des bebauten Landes in alten Siedlungsgebieten, so begann mit dem Ausgang des 9. Jahrhunderts und in engem Zusammenhang mit den Überfällen der Normannen, Araber und Ungarn »eine andere, exzentrische und diesmal wirklich ›neue‹ Art der Ansiedlung fern von den Feldern der Höfe und Dörfer«.[25] Die Klöster setzten sich an die Spitze eines Kolonisationsprozesses, in dessen Verlauf Wälder gerodet, Buschwerk abgebrannt, Sümpfe trockengelegt, der Boden entwässert, Furchen gezogen und Reben gepflanzt wurden. Nicht zuletzt ihrer Initiative war es zu verdanken, daß die unproduktiven Zonen einer fortschreitenden Nutzbarmachung unterworfen wurden und der Lebensraum des Menschen sich auf Kosten der natürlichen Landschaft allmählich immer weiter ausdehnte. Dies hatte erhebliche Folgen nicht nur für die Umwelt, sondern auch für die Klostergemeinschaften, die sich in vielen Fällen trotz ihres Strebens nach Abgeschlossenheit und Unabhängigkeit aufgrund der erwirtschafteten Überschüsse und einer gezielten Gütererwerbspolitik zu mächtigen Wirtschaftseinheiten mit vielfältigen Außenkontakten – oft sogar zu Musterhöfen – entwickelten. Daß dabei das Ideal asketischen Gemeinschaftslebens in der Nachfolge Christi nicht selten in Konflikt mit der gesellschaftlichen Funktion des Klosters geriet, ist nicht verwunderlich.

Paradoxerweise war es in der Regel gerade das Armutsideal, das den wirtschaftlichen Reichtum begründete. Da es fremde Einkünfte verbot, waren die Mönche auf ihre eigene Arbeitskraft und möglichst autarke Höfe angewiesen. Der St. Galler Klosterplan aus dem ersten Drittel des 9. Jahrhunderts, neben der Landgüterordnung Karls des Großen eines der wenigen gartenhistorisch bedeutsamen Dokumente aus der Karolingerzeit, eignet sich ganz besonders dazu, diesen Sachverhalt zu illustrieren. Obgleich nie zur Ausführung gelangt, vermittelt uns der von einem Bibliothekar des Klosters Reichenau angefertigte und an den Abt von St. Gallen adressierte *Grundriß einer idealen Klosteranlage*[26] eine ungefähre Vorstellung von der funktional gegliederten Komplexität einer großen Klosterwirtschaft. Benediktinischer Vorschrift entsprechend, befinden sich alle zur Selbstversorgung notwendigen Einrichtungen innerhalb der Klostermauern. Dazu gehören neben einer Mühle sowie verschiedenen Werkstätten und Wirtschaftsgebäuden im östlichen Teil der Anlage auch die drei klassischen Formen des Gartens im Mittelalter, die bis ins 18. Jahrhundert hinein die Grundlage der Gartenentwicklung bilden: ein Gemüsegarten (hortus), ein medizinischer Kräutergarten (herbularius) sowie ein Baum- und Obstgarten (pomarius).

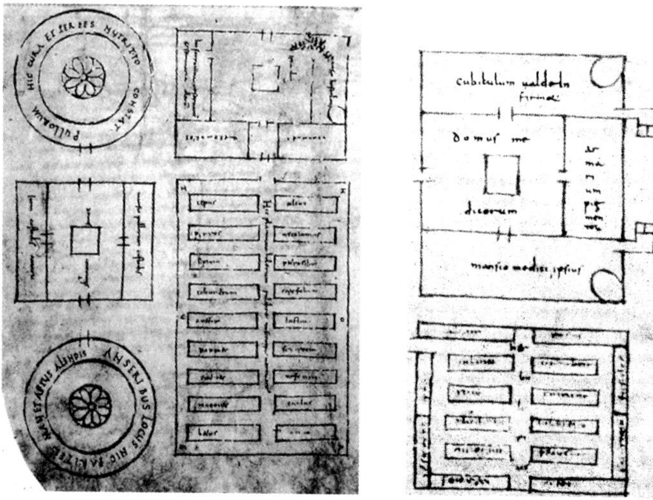

St. Galler Klosterplan von 816:
Gemüsegarten und Kräutergarten

Der Gemüsegarten ist in 18 regelmäßige, zu einem Rechteck zusammengeschlossene, Beete aufgeteilt. Angebaut werden nicht nur »schön aufwachsende Gemüsepflanzen«[27] wie Zwiebeln, Lauch, Rüben, Lattich, Pastinak und Kohl, sondern auch zur Verfeinerung der mönchischen Tafel bestimmte Kräuter und Gewürze wie Sellerie, Koriander, Dill, Mohn, Petersilie, Kerbel, Bohnenkraut und Schwarzkümmel. Auffällig ist, daß es keine strenge Scheidung nach Gemüse- und Gewürzpflanzen gibt. Neben dem Spital liegt sinnvollerweise der etwas kleinere Heilkräutergarten, der als die eigentliche Erfindung oder Schöpfung klösterlicher Gartenkunst gelten darf: 16 zweireihig entlang eines Mittelweges angeordnete Beete werden von Rabatten zu einem Viereck zusammengefaßt. Angebaut werden die vom Arzt benötigten Essenzen: Neben ausgesprochenen Heilkräutern wie Salbei, Fenchel und Minze zählen dazu interessanterweise auch Rosen und Lilien, die offensichtlich nicht nur ihres Duftes und ihrer Schönheit, sondern auch ihres Heilwerts wegen gepflanzt wurden.[28] Ein eindringlicherer Beleg für die Verwobenheit medizinisch-naturwissenschaftlicher, kultisch-magischer und ästhetischer Vorstellungen im frühen Mittelalter ist kaum denkbar.

Auf einen tiefen Symbolzusammenhang verweist auch eine Besonderheit des St. Galler Klosterplans: die Doppelfunktion des Baumgartens, der als Obstgarten und als Friedhof dient. Nicht von ungefähr galten das gesamte Mittelalter hindurch die Obstbäume mit ihrem Lebensrhythmus von Winterruhe, Blüte und Frucht als Sinnbild der Auferstehung. Im St. Galler Klosterplan unterstreicht die Aufwertung des Obstgartens zu einer religiösen Andachtsstätte zusätzlich ein inmitten der Bäume errichtetes und von den Mönchsgräbern flankiertes Kreuz, »unter den Bäumen der Erde ... der heiligste, da an ihm die Früchte des ewigen Heils duften«.[29] Auch im Obstgarten sind Gräber und Bäume symmetrisch geordnet.

Auf eine grundsätzliche Entwurfssymbolik deutet der Umstand, daß der gesamte Plan in einem Modul gezeichnet ist und mehrfach sogenannte ›heilige Zahlen‹ vorkommen. Ganz offensichtlich haben sie bei der Anlage und Gestaltung der Klostergärten eine bedeutende Rolle gespielt. Als Symbol der Heiligkeit gilt in der christlichen Vorstellungswelt die Zahl

Neun, da sie die Ordnung(en) der Engel bezeichnet; als Quersumme bestimmt sie die Beetanordnung des Gemüsegartens. Eine große Rolle spielt auch das für alle ›Paradiesgärten‹ charakteristische, vielfach auf die Genesis (1. Mose 2, 10) bezogene, jedoch nachweisbar schon ihr zeitlich vorgegebene Konzept der ›vier Quartiere‹ – die um ein Zentrum (zumeist einen Brunnen) gruppierte, viergeteilte Gartenanlage. Die Raumorganisation des Kräutergartens wird von der Zahl Vier und der Zahl Sieben beherrscht: Vier in Vierergruppen angeordnete Beete sind hier zu einem Viereck zusammengefaßt. Im Unterschied zur Drei, der Zahl des Dreieinigen Gottes, bedeuten sowohl die geometrische Figur des Vierecks als auch die Symbolzahl Vier die Welt, die Erde und das irdische Leben. Vier mal vier Beetanordnungen ergeben insgesamt 16 Einheiten – ein Ergebnis, dessen Bedeutung sich auch durch ihre Quersumme erschließt, da die – auf die Zahl der Hauptplaneten bezogene – Siebenzahl der Erdkraft die Himmelskraft hinzufügt. Ihrer engen Beziehung zu Gott als dem Weltenschöpfer und -richter wegen dürfte dem Zusammenspiel von Vier- und Siebenzahl im Hinblick auf die – im Spannungsfeld von Gedeihen und Verderben, Wachsen und Vergehen angesiedelte – Tätigkeit des Gärtners eine geradezu paradigmatische Symbolkraft zugewachsen sein. Dafür sprechen neben zahlreichen Bilddokumenten nicht zuletzt die gartentechnischen Ausführungen des Walahfrid Strabo, von denen noch die Rede sein wird. Der von ihm geschilderte Garten entspricht in Raumgestaltung und vierzahlbestimmter Beetanordnung nahezu vollkommen dem Kräutergarten des St. Galler Klosterplans.

Neben der – allerdings nicht konsequent durchgeführten – Verteilung der Pflanzen auf drei Gartentypen, ihrer reihenförmigen Anordnung und einer auf Zahlenbasis beruhenden Entwurfssymbolik verdient ein weiteres Charakteristikum

Der Garten des Paradieses
Schatzbehälter oder Schrein der wahren Reichtümer
des Heils und ewiger Seeligkeit. 1491

besondere Beachtung: Sämtliche Gärten sind, jeder für sich, – obgleich bereits innerhalb der Klostermauern untergebracht – nochmals mit Mauern oder Zäunen umschlossen. Dieser Befund läßt sich verallgemeinern: »Allen [mittelalterlichen] Gartentypen gemeinsam war die Abgrenzung gegenüber anders genutzten Flächen. Bei der Umfriedung handelte es sich um ein konstitutives Element des Gartens, das einen besonderen Rechtsraum geschaffen hat (. . .). Zugleich dienten die Zäune dem Schutz vor dem Betreten des Gartens durch Unbefugte und ebenso vor Tieren[30]«. Daß dieser Rechtsraum auch stark symbolisch aufgeladen ist, beweisen die mittelalterlichen Darstellungen von heilsgeschichtlich bedeutsamen Gärten, die fast immer von einer hohen Mauer umgeben sind. Tatsächlich genießt der Garten, über seinen praktischen Nutzen hinaus, im Mittelalter eine hohe, gänzlich in die religiöse Vorstellungswelt eingeschlossene symbolische Wertschätzung – Grund genug, ihn als einen besonderen Bezirk von der Außenwelt strikt abzugrenzen und, wie beispielsweise im Falle des Klostergartens, der ausschließlichen Nutzung durch die Mitglieder der mönchischen Bruderschaft vorzubehalten. Mag auch die Anlage von Klostergärten anfänglich überwiegend den Erfordernissen mönchischer Existenzsicherung gedient haben, mit fortschreitender Konsolidierung überlagern sakrale Deutungsmuster die profane Gartenpraxis und gewinnen Einfluß sowohl auf das Raumprogramm als auch auf Art, Anzahl und Anordnung der einzelnen Gestaltungselemente.[31]

Ihren deutlichsten Ausdruck findet diese Entwicklung in einer allegorisierenden Gartenmetaphorik, die entscheidend zu einer Aufwertung der Gartenkunst beiträgt. Angestoßen wird sie – wie könnte es anders sein – von einem Bibelwort. Im 1. Buch Mose, Kapitel 2, Verse 8-15, ist vom Garten der Schöpfung die Rede: »Dann pflanzte Gott der Herr einen Garten

Eden gegen Osten und setzte den Menschen darein, den er gebildet hatte. Und Gott der Herr ließ allerlei Bäume aus der Erde wachsen, lieblich anzusehen und gut zu essen, und den Baum des Lebens mitten im Garten und den Baum der Erkenntnis des Guten und Bösen.« Dieser Garten Eden steht am Beginn der biblischen Menschheitsgeschichte, und er wird es – wenn die Prophezeiung sich erfüllt – auch an ihrem Ende tun. Die Zwischenzeit ist recht eigentlich die Zeit der Arbeit im (nunmehr zur Wüste gewordenen) Garten: Was den Menschen von Gott ursprünglich als Geschenk zugedacht war, müssen sie sich jetzt – als Folge ihrer selbstverschuldeten Vertreibung aus dem Paradies – mühselig erwirtschaften. Statt zu genießen, sind sie verdammt, einen lebenslangen Kampf gegen Dornen und Disteln, Schnecken, Blattläuse und anderes Getier zu führen. Diese Tätigkeit ist in einem ganz bestimmten Sinne rückwärtsgerichtet – Trauerarbeit, wie wir heute vielleicht formulieren würden. Aus der Erinnerung an das Paradies speist sich der Wunsch, dorthin zurückzukehren oder doch wenigstens auf Erden ein Abbild dessen zu schaffen, was man – möglicherweise für immer – verloren hat.

Diese alttestamentarischen Vorstellungen bestimmen auch die Gartenmetaphorik des christlichen Mittelalters. In seinem großen Lehrgedicht über das Weltall widmet Hrabanus Maurus dem Garten ein ganzes Kapitel. Der Garten heiße so, »weil immer etwas darin wächst«.[32] Er bedeute die innersten Freuden des Paradieses. Mit ihm verglichen werden könne die heilige Kirche, da auch sie viele Früchte trage, umfriedet sei vom Schutz Gottes und in ihr der heilige Brunnen des Heils fließe. Gott selbst als Schöpfer ist der große ›Gartenkünstler‹; entsprechend wird Jesus das ganze Mittelalter hindurch des öfteren als Gärtner dargestellt – und mit seiner Tätigkeit wiederum die des Klerikers verglichen, der den Bildungsraum gleich einem Stück Gartenland gestalten soll. Besonders häufig finden sich Deutungen, in denen die ganze Natur als Garten erscheint. So etwa bei Hildegard von Bingen (1098-1179). Für sie ist der Garten ein Synonym für die Schöpfung in all ihrer Herrlichkeit, der Obhut des Menschen anvertraut, damit er ihre Früchte genieße, sich mit allen Dingen bespreche, so wie auch er allenthalben von ihnen angesprochen und beansprucht werde. »Gott durch die Erde, aus welcher der Mensch stammt, in rechten und heiligen Werken die Ehre« zu geben, darin erfüllt sich der heiligen Mystikerin zufolge die zentrale Bestimmung des Gartens der Schöpfung.[33]

Ganz offensichtlich liegt dieser Auffassung das Vorbild des mit der gärtnerischen Pflege der Natur betrauten Mönchs zugrunde, der im warmen Schoß des Gartens, den Blicken der Welt entzogen durch mächtige Mauern, gleichermaßen Zwiesprache hält mit Gott und dessen Schöpfung. Es verwundert daher nicht, daß wir dieser zweifachen Aufgabenstellung in der Doppelfunktion des mittelalterlichen Klostergartens wiederbegegnen: Gemäß dem in der Benediktinerregel verankerten Prinzip ›ora et labora‹ verschränken sich in der gärtnerischen Tätigkeit des der Obhut und Aufsicht eines Klosters unterstellten Mönches religiöse und weltliche Zielsetzungen aufs engste. Als umgrenzter ›Hort‹ der Ruhe, der Erholung, der Einkehr und der Besinnung fügt der Klostergarten der vita activa das unverzichtbare komplementäre Element – die vita contemplativa – hinzu.[34] Er ist also immer beides zugleich: »Ort des Gebetes ebenso ... wie das Werk des arbeitenden Menschen«[35], Symbol eines sorgsamen Umgangs mit der Schöpfung, aber auch Sinnbild für die klösterliche Landnahme. Essentiell handelt es sich um den Ausgriff des Menschen in eine Natur, die es nach dem Modell des Gartens zu gestalten gilt, vor der man sich aber auch in den Schutz und die Abgeschiedenheit des zu diesem

Der Traum im Hag
Meister der Wäldchen. 14. Jahrhundert

Zweck besonders befestigten Gartens zurückziehen kann, falls sie sich – im Gegensatz zu den von Hildegard von Bingen eröffneten Perspektiven – wider Erwarten doch einmal als launisch oder gar rachsüchtig erweisen sollte.

Daß dieser Rückzug nicht ausschließlich dem Wunsch nach Ruhe und meditativer Besinnung entspringt, sondern vielmehr schon sehr frühzeitig von einer ausgesprochen sinnlichen Freude an der kultivierten Natur begleitet wird, belegen Äußerungen des kräuterliebenden Reichenauer Abtes Walahfrid Strabo (809-849). Sein weithin bekanntes Gedicht *Liber de cultura hortorum Strabi seu Strabonis feliciter*, meist nach der Kurzform *Hortulus* zitiert, ist ein bedeutsames Dokument frühmittelalterlicher Naturliebe, das uns zugleich einen äußerst lebendigen Eindruck des Klostergartens und der mit ihm verbundenen Arbeit vermittelt.[36]

Außer auf volkstümliche Überlieferungen und antike Schriften stützt sich Walahfrid Strabo vor allem auf eigene Erfahrungen. Zusammen mit einer ungewöhnlich starken poetischen Ausdruckskraft verleihen erst sie seinen Ausführungen jene individuelle Note, die man nur bei wenigen seiner Zeitgenossen finden kann. Der von Walahfrid beschriebene Garten liegt wie der St. Gallener innerhalb der Klausur. Er schließt sich östlich an die Abtswohnung an und ist von einer hohen Mauer umgeben. Wieder stoßen wir auf jenes geometrische Grundmuster, das auch den St. Galler Kräutergarten kennzeichnet. Neu hingegen ist die Plankeneinfassung der erhöht angelegten Beete. Sie soll ein Verfließen der aufgehäufelten Erde verhindern. Dieses Detail verdient deshalb besondere Beachtung, weil damit zum ersten Mal ein Brauch ausdrücklich dokumentiert wird, der in Europas ›formalen Gärten‹ bis ins frühe 18. Jahrhundert anhält.

Sehr viel Raum verwendet der Reichenauer Abt nicht nur auf

die Beschreibung der Pflanzen und die Schilderung ihrer offiziellen Wirkungen – es handelt sich größtenteils um dieselben Gewächse, wie sie das *Capitulare de villis* und der St. Galler Klosterplan anführen – sondern auch auf ihre sinnbildliche Verknüpfung mit der christlichen Heilslehre. Besondere Sorgfalt widmet er dabei den Blumen. Für Walahfrid sind sie sowohl Ausdruck der Freude und Zeichen des überwundenen Winters bzw. der sich wiederbelebenden Natur im Frühling, als auch eindringliche Hinweise auf die Vergänglichkeit und Kürze des (Menschen-) Lebens. Jede einzelne von ihnen symbolisiert darüber hinaus – als Attribut einer bestimmten Tugend – eine besondere Eigenschaft: Die Rose steht für das Leiden Jesu Christi; in ihrer Lieblichkeit offenbart sich das Göttliche. Darüber hinaus ist sie das älteste und wichtigste aller marianischen Sinnbilder. Als Zeichen der Verschwiegenheit wurde sie von den ersten römischen Christen ins Kreuz geschnitzt. Noch heute schmückt sie zu besonderen Anlässen Kirchenräume und Altäre. Das strahlende Weiß der Lilie verweist auf Unschuld und Keuschheit Marias. Sie ist gleichermaßen die Blume der Reinheit als auch Symbol der göttlichen Gnade. Ihr Saft, so Walahfrid, soll Schlangenbisse heilen und die Erstarrung der Glieder beheben. Das Veilchen schließlich gilt als Zeichen der Demut, da es nicht in die Höhe wächst, sondern am Boden bleibt.[37] Auch wenn sämtliche Pflanzen fast ausschließlich ihres kulinarisch-medizinischen und/oder ihres symbolisch-mystischen Wertes wegen von Walahfrid gezogen werden, so läßt doch die Schilderung gerade einzelner kleiner Gartenszenen ein ästhetisch motiviertes, sinnlich grundiertes Naturempfinden erkennen. Im Verein mit dem praktischen Nutz- und dem religiösen Symbolwert verleiht es der frühmittelalterlichen Gartenkultur jene unverwechselbaren Konturen, die auch den Gartengestaltungen der Folgezeit zugrunde liegen.

Sündenfall im Garten Eden
Illustration der Gebrüder Limburg zum ›Stundenbuch‹
des Duc de Berry. 1411-1416

Vom Burg- zum Lustgarten. Höfische Gartenkultur im Mittelalter

Vom klösterlichen Nutz- zum höfischen Lustgarten ist es nur ein kurzer Schritt – manchmal auch nur ein Fall aus luftiger Höhe in blumenheitere Weltlichkeit! Im *Hortus deliciarum* läßt Herrad von Landsperg einen Eremiten auf der Tugendleiter bis zur obersten Sprosse steigen; als dieser nach unten blickt und sein schmuckes Gärtlein sieht, erfaßt ihn die Sehnsucht, und kopfüber stürzt er hinab, mitten zwischen die Beete. Die Moral ist offenkundig: Mönch, bleib bei deinen Leisten, ziehe das irdische Paradies nicht dem himmlischen vor, nutze den Garten, doch nutze ihn redlich – als Mittel zum Zweck und nicht als Selbstzweck, sonst ereilt dich die göttliche Strafe. Ganz offensichtlich verkörpert auch für Herrad von Landsperg der Garten das Paradies, doch ist es ein durch und durch irdisches Paradies, Lohn einer profanen Tätigkeit, die nichts anderes will, als die Früchte ihrer Tätigkeit noch zu Lebzeiten und auf Erden zu ernten. Der Eremit vermag sich nicht von seinem Garten, den er selbst angelegt hat, zu lösen; er hat das transzendente Ziel seiner Bemühungen, das im Wort versprochene Himmelreich, aus dem Blick verloren – und für Herrad damit sich selbst. Noch etwas anderes wird deutlich: die ästhetische Eigenwertigkeit des Gartens; er lockt mit seinen schmackhaften Früchten, seinen herrlich aufblühenden Blumen, einer ganz und gar diesseitigen, sinnlich erfahrbaren Erlebnisqualität. Mit einem Wort: Er lockt mit der Lust, ist im buchstäblichen Sinne des Wortes zum Lustgarten geworden, zum Lust gewordenen Garten.

Freilich hat es diese strikte Trennung zwischen Nutz- und Lustgarten so niemals gegeben – auch nicht im Mittelalter. Und die Entwicklung vom klösterlichen Nutz- zum höfischen

Lustgarten darf deshalb auch nicht als lineares Progressionsgeschehen interpretiert werden. In gewisser Weise findet im Hochmittelalter beides gleichzeitig statt: Während die Klostergärten sich zu gartenbaulichen Großbetrieben erweitern und nicht mehr nur der Eigenversorgung, sondern auch der Produktion von Überschüssen landwirtschaftlicher und gartenbaulicher Erzeugnisse dienen[38], erwächst im Umfeld des höfischen Rittertums eine weltliche Gartenkultur, die die klösterliche nicht nur beerbt und weiterführt, sondern in wesentlichen Bereichen auch nachhaltig verändert. Die Kirche verweltlicht und der Adel transzendentalisiert sich. Aus den Mönchen werden Gutsbesitzer, und die ehemaligen Gutsbesitzer, die fränkische Bauernaristokratie mit ihren Wurzeln in der Zeit der Völkerwanderung, wandelt sich zum europäischen Ritterstand. Gleichwohl ist und bleibt die aristokratische (Garten-) Kultur Ausdruck einer grundherrlichen Produktionsweise, die auf schroffer Ungleichheit sowie auf einem zunehmend perfektionierten System von Steuern und Abgaben beruht und den gesamten Ertrag der bäuerlichen Arbeit einigen wenigen zufließen läßt.[39] Zugleich ist sie aber auch Ausdruck einer Zeit, in der mit der sukzessiven Überführung der feudalen Naturalwirtschaft in die städtische Geldwirtschaft den Nutznießern dieser Produktionsweise in den aufstrebenden Städten und den erstarkenden Fürsten eine starke Konkurrenz erwächst.

Die Lustgärten der ritterlichen Gesellschaft bleiben davon nicht unberührt: Sie sind bevorzugte Orte heiterer Geselligkeit, fröhlichen Spiels und geruhsamer Erholung als auch Schauplätze der Selbstinszenierung eines sich nach außen strikt abgrenzenden, weil ständig von außen bedrohten Standes. Es sind irdische Antizipationen des himmlischen Paradieses, die von einer »gezähmten, befriedeten, dem Vergnügen dienenden

Geselligkeit am Brunnen. Um 1500

und eigens dafür hergerichteten Flora« künden.[40] Ihre Mauern trennen das Gute vom Bösen; ihr ganzer Dekor scheint dazu bestimmt, die Härten des Alltags vergessen zu lassen. Die Spuren (groß)bäuerlicher Herkunft und ein noch weitgehend naives Naturgefühl verbinden sich in ihnen mit einer höfischen Lebensart, der die Sorglosigkeit zum Programm, der schöne Schein, das Streben nach Konvention und Form zur zweiten Natur geworden ist. Alle Äußerungen des Lebens haben sich diesem Bedürfnis zu unterwerfen – gerade auch jene Räume, die wie die Gärten in der Topographie der ritterlich-höfischen Kommunikation einen zentralen Stellenwert einnehmen.

Das anfängliche Erscheinungsbild des ritterlichen Burggartens läßt dessen spätere glanzvolle Entwicklung noch nicht erahnen. Bis etwa zum 12. Jahrhundert war es auf den Burgen so eng, daß innerhalb ihrer Mauern Gärten keinen Platz hatten; Gartenbau fand daher in der Frühzeit der Burgen fast ausschließlich in deren näherer Umgebung statt.[41] Die wachsende Einsicht in die Bedeutung der Burggärten für die Versorgung der Verteidiger mit Nahrungsmitteln dürfte dafür verantwortlich zu machen sein, daß die Burgherren immer häufiger dazu übergingen, innerhalb der Burgmauern Nutzgärten anzulegen. Baugeschichtliche Untersuchungen belegen, daß zur Burgwallzeit intra muros regelrechte Gemüsekulturen existierten.[42] Marie Luise Gothein will in den von den Mönchen in der Kunst des Kräuter- und Gemüseanbaus unterrichteten Schloßfrauen die Pflegerinnen dieser frühen Burggärten erkennen. Nicht zuletzt ihrer Initiative sei es zu verdanken gewesen, daß sich die Nutzgärten in der Folgezeit zu – meist unter den Fenstern der Kemenaten liegenden – Ziergärten weiterentwickelten.[43] Vorbehalte sind freilich angebracht. Man denkt sich »die Sache wohl zu sehr im Stile der Nazarener, wenn man das Burggärtlein zur Domäne der Burgherrin deklariert, die dort den Nachmittag verbringt, die Blümchen zu gießen und das Unkraut zu jäten« (Otto Borst)[44].

Gärten wie die von Dichtern und Malern in großer Zahl geschilderten Paradies- und Mariengärten dürfte es jedenfalls bis ins hohe Mittelalter hinein nur auf den großen Reichsburgen und an den Höfen der aufsteigenden Territorialherren gegeben haben. Die Sitze des niederen Adels und die gräflichen Grenz- und Verteidigungsburgen boten zwischen ihren Mauern in der Regel nur wenig Platz für höfische Gartenkunst und Gartenlust. Wo Burggärten angelegt wurden, griff man auf das Vorbild der klösterlichen ›wurzgarte‹ (Gewürz- bzw. Kräutergärten)

Der Rosenstrauch oder Emilia im Burggärtlein
Illustration zu Boccaccios ›Teseida‹. Um 1460

zurück und dürften jenem »bluomengarten , dar rosa und de ringelen und violae wahsent« geähnelt haben, den um das Jahr 1000 Notker von St. Gallen erwähnt.[45] Es fällt auf, daß zeitgenössische Autoren wie Notker immer wieder auf die Blütenpracht dieser Gärten hinweisen, die neben der Umfriedung deren Hauptmerkmal gewesen zu sein scheint. Vieles spricht dafür, hierin schon einen ersten Hinweis auf das besonders intensive Naturgefühl des in seinen Burgen eingeschlossenen Adels zu vermuten – und einen wichtigen Grund für die erstaunliche Strahlungskraft höfisch-aristokratischer Gartenlust.

Zum eigentlichen mittelalterlichen Lustgarten ist der Rasen- und Baumgarten geworden. Von einem ›boumgarten‹ spricht beispielsweise Moriz von Craun, und auch im Iwein steht der wie eine Terrasse neben dem Palas liegende Garten voller Bäume. Sind es dort Obstbäume, so ist es im Garel die Linde, die man ihres breiten Schattens wegen schätzt: »In dem garten stuont diu linde breit«.[46] Die Anfänge des ›boumgartens‹, und damit die Anfänge einer eigenständigen höfischen Gartenkultur, kann man ins 12. Jahrhundert ansiedeln. Infolge einer landwirtschaftlichen Ertragssteigerung bis dahin ungekannten Ausmaßes stehen dem grundbesitzenden Adel erstmals ausreichend Mittel zur Verfügung, seinen gesellschaftlichen Führungsanspruch auch für jedermann äußerlich sichtbar zu dokumentieren: Die Burgen werden größer, ihre Ausgestaltung kostspieliger, der Lebensstil aufwendiger. Davon profitieren auch die Gärten, die eine enge Einbeziehung in den unmittelbaren Lebensbereich erfahren und entsprechend ›wohnlich‹ ausgestattet werden: Eine hohe Mauer – sie bleibt unverzichtbar – umgibt eine mehr oder minder große Rasenfläche mit Brunnen, ein paar Bäumen oder hohen, im Gras wachsenden Blumen und einer oder mehreren Rasenbänken, die mitunter – gewissermaßen als Krönung – von einem Rosenspalier oder gar einer Rosenlaube umgeben sind. Kleine Hügel und pittoreske Brunnen ergänzen die Ausstattung des Lustgartens. Wo ein Ziergarten hinzutritt, mit rechteckigen Beeten, die durch ein Wegenetz in geometrische Formen unterteilt werden, trennt beide Gartentypen in der Regel ein Flecht- oder Metallgitter.

Antike Natur- und Landschaftsschilderungen spielen bei der Gestaltung des Lustgartens eine ebenso große Rolle wie Vorstellungen der christlichen Heilslehre oder der exotische Zauberglanz orientalischer Märchen. Wirksam werden können sie jedoch nur, weil »die Notdürftigkeit und Unwirtlichkeit der ritterlichen Behausungen«[47], die auch im Hochmittelalter trotz der nun reicher fließenden Einkünfte aus der Landwirtschaft das Leben der Bewohner weitgehend bestimmen, eine Natur- und Gartensehnsucht provozieren, von der sowohl höfisches Epos als auch die Burggärten selbst ein beredtes Zeugnis ablegen. Die Sehnsucht nach Licht, Sonnenwärme und Bewegung im Freien wird zur Sehnsucht nach dem Garten. Fast immer ist es die Sehnsucht nach einer ›humanisierten‹ Natur, die Sehnsucht nach einer gartenhaften Landschaft bzw. nach einem an Ideallandschaftsvorstellungen orientierten Garten, die dabei zum Ausdruck gelangt. Und fast immer sind es spätantike, von den Klöstern überlieferte, mehr oder minder stereotyp wiederkehrende Elemente, die zu einem Bild zusammentreten. Ob es sich nun um die Gartenschilderungen und -bilder des *Tristan*, des *Erec*, des *Rosenromans* oder um die Anweisungen des Albertus Magnus zur Anlegung eines Lustgartens handelt, die Bestandteile bleiben die gleichen: »der Anger, die Wiese mit den schattenspendenden Bäumen, die üblichen Blumen (Rose, Lilie und Veilchen), der Bach oder die Quelle«.[48] Auffällig ist, daß diese Gestaltungselemente nur anfänglich in willkürlicher Reihenfolge genannt, später jedoch – Albertus Magnus ist hierfür ein schönes Beispiel – in Gestalt der Betonung der Mitte einem Ordnungsprinzip unterworfen werden, das sowohl in die antike Vergangenheit zurück- als auch in die ›geometrische‹ Zukunft der Gartenkunst vorausweist. Als ›Ordnungsraum‹ oder doch der Ordnung zutiefst bedürftiger Raum korrespondiert dem aristokratischen Idealgarten eine aristokratische Raumordnung (spolitik), deren Mitte die Person des Fürsten selbst ist.

Die literarischen Paradies- und realaristokratischen Lustgärten des späten Mittelalters tragen diesem Ordnungsbedürfnis in zweifacher Hinsicht Rechnung: Zum einen organisieren sie den Raum in der angegebenen Weise, indem sie alle Gestaltungselemente um ein Zentrum (Brunnen, aufgeworfener, grasbewachsener Erdhügel, Laube) gruppieren; zum anderen schließen sie diesen Raum, hierin dem Beispiel der Klostergärten folgend, durch eine feste Einfriedung hermetisch von der Umwelt ab. Gemeinsam konstruieren und definieren beide Maßnahmen den Garten als höfisch-ritterlichen Lebensraum, vom gemeinen Volk ebenso wie von einer als Kontrast empfundenen nichtdomestizierten Natur durch eine unüberwindliche Schranke getrennt. Ohne diese gleichermaßen reale wie symbolische Schranke hätte der Burggarten des frühen Mittelalters sich weder zum ›Garten des Vergnügens‹, sprich zum Ort heiterer Geselligkeit und unbeschwerten Zusammenseins, noch zum allegorischen Ort der Madonnenverehrung oder des die höfische Epik dieser Zeit dominierenden Minnedienstes entwickeln können. Ohne sie hätten im höfischen Garten ideale Naturvorstellung, aristokratisches Selbstverständnis und religiöser Symbolismus zusammen mit einer ausgesprochen profanen Nutzungspraxis nicht jene ›heitere‹ Verbindung eingehen können, wie sie uns aus der epischen Literatur und den Bilddokumenten dieser Zeit überliefert ist.

Ein Wort noch zu den Ambivalenzen, die die semantische Besetzung des Gartenraumes vor allem im Hoch- und Spätmittelalter bestimmen: Tatsächlich dominieren in der Kunst des 14. und 15. Jahrhunderts, vor allem in der französischen Goldschmiedekunst, der Buchmalerei sowie in der deutschen und italienischen Tafelmalerei dieser Zeit, zwei Gartentypen gleichen Aussehens, aber verschiedener Sinnschichten, die beide das (alttestamentarische) Motiv des Paradiesgartens variieren.[49] Auf den verschlossenen Garten des Hoheliedes nehmen die Darstellung der thronenden, gekrönten Maria mit

Das Paradiesgärtlein
Oberrheinischer Meister. Um 1420

dem Kind vor einer Rosenhecke oder in einer umzäunten Rosenlaube Bezug (*Maria im Rosenhag*). In Italien wurde die im 14. Jahrhundert verbreitete, am Boden sitzende Madonna Umiltà seit der 2. Hälfte des 14. Jahrhunderts auf einem blumenbesäten Rasenstück (=Paradies) dargestellt. Im 15. Jahrhundert treten Blütenhecken, besonders Rosenbüsche, hinzu, die eine Abgrenzung zur Umwelt schaffen. Variationen dieses Motivs stellen nicht nur die besonders in der Dürerzeit beliebte Madonna auf der Rasenbank (inmitten eines von Tieren belebten Gartens), sondern auch das sogenannte Paradiesgärtlein dar, das die Madonna lesend oder mit den Kindern spielend, umgeben von Heiligen und Engeln, in einem größeren, umzäunten Garten, dem ›Hortus conclusus‹, zeigt. Eines der schönsten Beispiele, das Werk eines oberrheinischen Meisters aus der Zeit um 1410, zeigt die Jungfrau Maria in einem von Mauern umschlossenen Garten bei der Lektüre eines Buches. Das Bildprogramm spricht eine eindeutige Sprache. Demonstriert werden soll, was in diesem Jahrhundert ganz offensichtlich nicht mehr selbstverständlich erscheint: die Verbindung christlicher Tugend und (un-)christlicher Natur. In der marianischen Gartenidylle werden Harmonie und Einheit von Mensch und Natur beschworen, gerade weil sie verlustig zu gehen drohen, weil Kriege und Seuchen, aber auch antiklerikale ›Ketzereien‹ und der einsetzende Siegeszug städtisch-bürgerlicher Wertvorstellungen das ›geslozene‹ mittelalterliche Weltbild infragestellen.

Eine Verbindung ganz anderer Art thematisiert dagegen der säkularisierte ›Liebesgarten‹, der – kunstgeschichtlich gesehen – das Motiv des Paradiesgärtleins aufnimmt und weiterentwickelt. Er wird zum Sinnbild für die untrennbare Verschränkung von Natur und Erotik. Was die marianische Gartenmetaphorik ausschließt, ja ausschließen muß, sexuelles Verlangen und erotische ›Kommunikation‹, steht hier im Mittelpunkt. Der Garten öffnet sich – der Lust und einer Geselligkeit, die die Intimität des Ortes nutzt, um sich den Listen der Liebe und dem Spiel der Verführung hinzugeben. Der Lust am Garten gesellt sich die Lust am anderen Geschlecht hinzu. Der Rasen, die Blumen und Bäume, sind nurmehr Kulisse für das Theater der menschlichen Leidenschaften. Der stereotypisierten Natur kontrastiert eine luxuriös verfeinerte Kultur, die von der höfischen Minne regiert wird. Besonders schön läßt sich dies aus den spätmittelalterlichen Illustrationen des Rosenromans ablesen. Gott aber sucht man in diesen Gärten vergebens.[50]

Die Mauern fallen – ein Ausblick

Die höfische Gartenkultur des Mittelalters erweitert das Nutzenspektrum des Gartens um eine bis dahin im postantiken Europa noch nicht gekannte Dimension: die des Vergnügens. Von den unschuldigen Gartenfreuden beispielsweise eines Walahfrid Strabo unterscheidet sich die aristokratische ›Gartenlust‹ dadurch, daß sie nicht mehr an eine konkrete Tätigkeit – die Gartenarbeit – gebunden ist. Tatsächlich eröffnet gerade die ›Eliminierung‹ der Arbeit aus dem aristokratischen Universum jene Nutzungsperspektiven, die im höfischen Lustgarten ihren kongenialen Ausdruck finden und bis weit in die Neuzeit hinein fürstliche Gartenkultur bestimmen. Die Ausmerzung der Arbeit, verbunden mit der gleichzeitigen Aneignung des Ertrags von Fremdarbeit, führt zu einem Verlust des unmittelbaren oder doch in der konkreten Tätigkeit des den Boden bearbeitenden Bauern als unmittelbar erlebten Zugangs zur Natur – und ermöglicht gerade dadurch deren instrumentelle Zurichtung zur ausschließlich aristokratischen Lustmaximierung. Natur wird gleichermaßen zum Gegenstand eines nie völlig zu stillenden Begehrens wie zum Objekt der Furcht; der Aneignung einer idealisierten tritt – als unabdingbare, wenngleich noch nicht reflektierte Voraussetzung – die Ausgrenzung der dämonisierten Natur zur Seite. Ihren gartenarchitektonischen Ausdruck findet diese Dialektik freilich erst in der Spätrenaissance, im manieristischen Sacro Bosco des Prinzen Vicino Orsini bei Bomarzo etwa, wo Schönheit und Grauen als die beiden Pole der Naturerfahrung gleichermaßen Konzept und Gestaltung der Gartenanlage bestimmen. Die naive Naturanschauung des Mittelalters, die konventionalisiert und selektiv gebrochen auch das Naturempfinden des höfischen Adels dominiert, läßt in Verbindung mit einer aus den räumlichen Verhältnissen herauswachsenden Natursehnsucht Vergleichbares noch nicht zu und bricht aus dieser Dialektik den ›Lustpol‹ heraus. Der mittelalterliche Lustgarten präsentiert sich als der – auch dem römischen Patriziat so heilige – locus amoenus der Tradition[51], als Ort ganz und gar diesseitiger Freuden, der den Vornehmsten der Gesellschaft vorbehalten bleibt. Seine Abgeschlossenheit garantiert sowohl ungestörten sinnlichen Genuß als auch Schutz vor den Zumutungen der Welt.

Die ›Aristokratisierung‹ des Gartenraums hat Folgen. Der Kampf um gesellschaftliche Machtpositionen entwickelt sich im Übergang vom Spätmittelalter zur frühen Neuzeit auch zu einem ›Kampf um den Garten‹: Während die Ritterschaft sich auf ihre Landsitze zurückzieht, kopieren in den mächtig gewordenen Städten reiche Bürger die höfische Gartenkultur und dokumentieren damit ihren gesellschaftlichen Bedeutungszuwachs. Gleichzeitig vergrößern die Territorialfürsten ihre Gärten zu Parks und reichern sie mit Tiergehegen, künstlichen Tempelruinen und Grotten an. Der italienische Renaissancegarten ist ein Produkt dieser sich überbietenden ›Gartendialektik‹. Als direkte Folge des Landfriedens verwandeln sich in Italien früher als anderswo die Festungen in Villen; gleichzeitig fallen die Mauern, der Garten sprengt seine Grenzen und greift in die Landschaft hinaus.[52] Die mathematischen Ordnungsprinzipien des Klostergartens bleiben dabei unangetastet. Nach wie vor bestimmt das mittelalterliche Schachbrettmuster das Erscheinungsbild des Gartens, nun allerdings erheblich erweitert und durch schnurgerade Wege ergänzt. Die strikt geometrische Aufteilung des Gartenraumes und der streng geordnete Wuchs der Pflanzen legen Zeugnis ab von einem Gestaltungswillen, in dem sich rationaler Zugriff auf den Garten und ein verändertes Naturgefühl miteinander ver-

Liebespaar im Baumgarten
Illustration aus dem 13. Jahrhundert zum ›Roman de la Rose‹

binden. An die Stelle des eher naiv-unmittelbaren Bezugs des mittelalterlichen Menschen tritt in der Renaissance die bewußtere, zugleich aber auch abstraktere Natursehnsucht des Stadtbürgers. Als »Spannung zwischen gefühlsmäßiger Naturentfremdung und einer rationalen und zugleich sentimentalen Natur-Suche«[53] bestimmt sie fortan die Geschichte der Gartenkunst.

Sofern es sich nicht um ausgesprochene Stadtgärten handelt, nehmen die Gärten der italienischen Renaissance den Rhythmus der sie umgebenden Landschaft auf, der sie durch die bevorzugt in erhöhter Lage errichteten Villen zusätzliche Akzente verleihen. Neben der Wiederbelebung des antiken Konzepts der Durchdringung von Haus und Garten und einer unvergleichlich reichhaltigeren Ausstattung mit Springbrunnen, Statuen und Gartenhäusern unterscheidet diese Anlagen vor allem die Einführung der Axialität als topographisches Gestaltungskriterium von den mittelalterlichen Lustgärten. Fast alle Gärten dieser Zeit greifen die Linienführung des Bauwerks auf und setzen sie mit Hilfe eines ausgeklügelten Systems aus Böschungen, Terrassen und Treppenfluchten im Freien fort. Zugleich instituieren sie, hierin den Gesetzen der neuentdeckten Zentralperspektive folgend, ein neues Sehen, indem sie das Auge vom Vordergrund des Gartens über zahllose Abstufungen zum fernen Hintergrund führen, nicht selten weit über die Grenzen der Gartenanlage hinaus. Der Garten öffnet sich der Welt und bildet zugleich deren geometrisches Strukturprinzip in mikrokosmischer Fokussierung ab. Maß und Zahl regieren den Kosmos, und sie regieren ›more geometrico‹ auch die italienische Gartenkunst und ihre Schöpfungen.[54]

Die (vorab französischen) Barockgärten des späten 17. und des frühen 18. Jahrhunderts vollenden schließlich, was die Renaissance auf den Weg gebracht hat: An die Stelle Gottes und des Menschen tritt nun der Fürst, der in absoluter Souveränität nicht nur über seine Untertanen, sondern auch – sofern es die Staatskasse zuläßt – über die Natur zu herrschen beansprucht. Seinem Macht- und Gestaltungswillen haben sich selbst die Gärten zu unterwerfen. »Salutierend sind die Hecken eingeschlafen«, heißt es in einem Poem über den fürstbischöflich-würzburgischen Lustgarten zu Veitshöchheim.[55] Gärten, in denen selbst Hecken zu salutieren haben, sind nicht länger Orte des Vergnügens, sondern Stätten der Inszenierung obrigkeitlicher Macht und Herrlichkeit. Das von kunstvollen Zierbeeten (Parterres) umgebene Schloß, Mittel- und Bezugspunkt der gesamten Anlage, projiziert sich gleichsam in den Park hinaus. Als Verlängerung seiner Mittelachse zieht sich eine von einem Wall symmetrisch gepflanzter Bäume flankierte Hauptachse als breite Schneise weit in die Landschaft hinaus und organisiert zugleich den Gartenraum, der sich aus einem Ort sinnenfroher Muße und Entspannung zur Stätte effektvoller dramatischer Inszenierungen wandelt. Gartenkunst avanciert zur Staatskunst, die alle anderen Künste in sich vereinen und übertreffen will – zum Ruhme und zur höheren Ehre ihres fürstlichen Besitzers, dessen herrschaftlichem Willen sich die Vegetation zu fügen hat. Vierzig Jahre lang war in Versailles ein Heer von Gärtnern damit beschäftigt, die bäuerliche Weidelandschaft zur königlichen Kunstlandschaft ›umzubauen‹: Alte Bäume wurden gefällt, Geländeunterschiede eingeebnet, kilometerlange Gräben und Kanäle zur Bewasserung der riesigen Gartenanlagen gezogen. Mit Zirkel und Lineal beaufsichtigte Le Notre, der Gestalter des Schloßparks von Versailles, die Arbeiten – bis selbst die Steinfrösche im Bassin de Latone »die gleichen tadellosen Kurven spritzten«[56] und die gesamte Anlage vom Geist jener mathematischen Rationalität durchdrungen war, der auch die philosophischen Systeme der Zeit beherrschte. Der Garten von Versailles ist ein Kind des Cartesianismus, eine abstrakte Gleichung, die aus einem Grundprinzip, der absoluten und unumschränkten Fürstenmacht des von Gott und der Vernunft eingesetzten Königs, in logischer Folgerichtigkeit und ohne Rücksichtnahme auf die Natur, Struktur und Gestaltung des Gartens entwickelt wird. Im französischen Barockgarten wird Natur einem strengen Reglement unterworfen, das als Geistesetikette auch das Leben am Hof bestimmt. Nichts bleibt dem Zufall überlassen, alles hat Methode, ist auf Wirkung berechnet. Die sinnliche Erfahrung steht nicht am Anfang, sondern am Ende, bestenfalls begleitet sie den Entwurf, zu lenken vermag sie ihn nicht!

Ihre Wirkung haben diese Gärten nicht verfehlt, weder auf die Zeitgenossen noch auf nachgeborene Generationen. Überall in Europa wurde der ›französische Stil‹ kopiert: in Wien, München und Petersburg – bis die Revolutionen des 17. und 18. Jahrhunderts mit dem Ende absolutistischer Fürstenherrlichkeit auch das Ende der Barockgärten einläuteten. Das »arrogante Vergnügen, der Natur seinen Willen aufzuzwingen« (Saint-Simon) kostete nicht nur Geld, sondern auch Sympathien. Und es erstaunt deshalb nicht, daß im letzten Drittel des 18. Jahrhunderts mit dem unaufhaltsamen Siegeszug des englischen Landschaftsgartens ein verschüttetes Paradigma der Gartenkunst zu neuen Ehren gelangte, das nicht auf mathematischer Rationalität, sondern auf dem Prinzip der Freiheit beruhte: Statt Natur durch Menschenhand zu jener ›prästabilierten Harmonie‹ (Leibniz) zu erlösen, die als ›geometrische Vernunft‹ die Gärten des Absolutismus beherrschte, sollte sie endlich wachsen dürfen, wie es ihr gefiel: »Die Natur pflanzt nichts nach der Schnur«, ließ Jean-Jacques Rousseau

Garten im März: Vor der Aussaat
Illustration zu einem flämischen Gebetbuch. Um 1500

die Heldin seines berühmten Romans *Julie ou la Nouvelle Heloise* dozieren – und erteilte damit den für den Barockgarten verbindlichen Gestaltungskriterien Ordnung, Symmetrie und Regelmäßigkeit eine deutliche Absage.[57] Rousseau verdanken wir auch jenes berühmte ›Zurück zur Natur‹, das als Motto über den Gartenschöpfungen dieser Zeit stehen könnte: In freiem Wuchs sollten sich Mensch und Natur im englischen Garten vereinen, und frei, sprich ungehindert von Mauern oder anderen Grenzen, sollte sich auch der Garten selbst zur ihn umgebenden Landschaft öffnen, sich auflösen in eine an den Rändern ausfransende Komposition malerischer Naturszenen. Der Kunst oblag es, korrigierend einzugreifen, den wuchernden Vegetabilismus der Natur mit den Bedürfnissen und Wünschen des Kulturwesens Mensch zu versöhnen – und selbst als Kunst nicht in Erscheinung zu treten. Noch einmal Rousseau: »Der Irrtum sogenannter Leute von Geschmack ist der, daß sie überall Kunst fordern und nie zufrieden sind, wenn sie nicht in Erscheinung tritt, während hingegen wahrer Geschmack darin besteht, die Kunst zu verbergen, zumal wenn es sich um Werke der Natur handelt.«[58] Daß die Kunst des englischen Landschaftsgärtners Ursprünglichkeit nur vortäuscht, Freiheit nur inszeniert, spricht nicht gegen sie. Daß sie sich in gewisser Weise der Freiheit – beziehungsweise der Angst des Fürsten vor dem Freiheitswillen des Volkes – überhaupt erst verdankt, beweist das Beispiel des Englischen Gartens in München: Kurfürst Karl Theodor (1724-1799) ließ nach dem Sturm auf die Pariser Bastille nicht nur die Stadtwälle schleifen, sondern auch im Jagdrevier des Hofes diesen bedeutenden Landschaftspark anlegen, um seine Verbundenheit mit den ärmeren Volksschichten zu demonstrieren. Zugleich sollte damit eine Stätte geschaffen werden, die sowohl der Erholung und dem »traulichen und geselligen Umgang aller Stände«[59] als auch der

Monatsbild März
Dietrich Meyer. 1599

landwirtschaftlichen Belehrung und Nutzung dienen sollte. Aufgeklärter Absolutismus par excellence!

Mittelalterliches Erbe bewahren heute nur noch die symmetrisch angelegten Bauerngärten, die seit Jahrhunderten die Tradition des Klostergartens fortführen. In ihnen verschränken sich auf eine faszinierend selbstverständliche Weise die Forderungen der Praxis mit einem ausgesprochenen Sinn für Schönheit. Alles hat in diesen kunstvoll verzierten Nutzgärten seinen Platz und seine Ordnung, und doch wirkt die farbenfrohe Pflanzengemeinschaft, bestehend aus Gemüse, Salaten, Kräutern, Beerenobst und Blumen, wie gewachsen, fügt sich alles scheinbar wie von selbst harmonisch zusammen. In den historischen Bauerngärten gliederte ein Wegekreuz den vier- oder rechteckigen Gartenraum in vier gleichmäßige Segmente – und sorgte dafür, daß die Gewächse übersichtlich auf die

Liebespaar vor einer Gartenbank mit Rosenstrauch
Illustration zum ›Roman de la Rose‹

Beete verteilt und von allen Seiten leicht erreicht werden konnten. Den Mittelpunkt bildete ein Brunnen oder ein Rondell mit besonderen Schmuckpflanzen. Eingefriedet waren sie zumeist mit hölzernen Latten-, Flecht- oder Staketenzäunen oder auch mit – aus runden Fichten- oder Tannenstämmchen bestehenden – Hanichl-Zäunen. Verwendet wurde immer nur natürliches Material, das sowohl zur Landschaft als auch zum dörflichen Haustyp paßte. Farbenfrohe Fülle und Vielfalt zeichnet diese Gärten aus – und eine Geometrie, die Anlage und Gestaltung nicht dominiert, sondern gänzlich in den Dienst praktischer Zweckmäßigkeitsüberlegungen stellt. Heute provoziert ihr Anblick nicht selten romantische Erinnerungen und utopische Visionen. Nicht zuletzt im Freiraum der Bauernhaus-Museen, hie und da aber auch noch in traditionsbewußten Dorflandschaften künden diese ländlichen Paradiese nicht wenigen Betrachtern von einer möglichen Versöhnung von Mensch und Natur – einem friedvollen Zusammenleben in gegenseitiger Rücksichtnahme, das vorbildlich wirken könnte, wollte man es nur zur Kenntnis nehmen. Daß auch diese Idyllen stets gefährdet sind und waren – daran mahnen Zaun und Hecke, die den Bauerngarten von der äußeren Welt trennen und seine Existenz so erst möglich machen. Ohne Mauern kein Paradies!

1 Charles W. Moore u.a., Die Poetik der Gärten. Architektonische Interpretationen klassischer Gartenkunst, Basel u.a. 1991, S. 25.

2 Wilfried Hansmann, Gartenkunst der Renaissance und des Barock, Köln 1983, S. 12.

3 Moore u.a., a.a.O., S. 23.

4 Christian Cajus Laurenz Hirschfeld, Theorie der Gartenkunst. In Auszügen hrsg. v. Franz Ehmke, Berlin 1990, S. 10.

5 Clemens Alexander Wimmer, Geschichte der Gartentheorie, Darmstadt 1989, S. 410.

6 Wilfried Hansmann, a.a.O., S. 8.

7 Hirschfeld, a.a.O., S. 11.

8 Aaron Jakolewitsch Gurjewitsch, Das Weltbild des mittelalterlichen Menschen, München 1989, S. 35.

9 Vgl. hierzu ausführlich Peter Cornelius Mayer-Tasch, Der Lebens- und Weltbaum (Hagal), in: Ders. (Hrsg.), Die Zeichen der Natur. Natursymbolik und Ganzheitserfahrung, Frankfurt 1998.

10 Gurjewitsch, a.a.O., S. 90.

11 Wimmer, a.a.O., S. 418.

12 Natur denken. Eine Genealogie der ökologischen Idee. Hrsg. von Peter Cornelius Mayer-Tasch in Verbindung mit Armin Adam und Hans-Martin Schönherr, Frankfurt a. M. 1992, S. 124.

13 Vgl. Wilhelm Ganzenmüller, Das Naturgefühl im Mittelalter, Leipzig und Berlin 1914, S. 115f.

14 Selbst die Architekten der großen Barockgärten greifen noch auf die mathematischen Gestaltungsprinzipien der Klostergärten zurück. Allerdings geschieht dies nun nicht mehr in der Absicht, die mathematisch vollkommene Ordnung der Welt als Schöpfung Gottes zu offenbaren. Vielmehr sollen die ›more geometrico‹ vorgenommene Anlage der Gärten und der streng geordnete Wuchs den Herrschaftsanspruch und die Ordnungskraft des weltlichen Machthabers demonstrieren.

15 Als einer der ersten beschäftigte sich Albertus Magnus in einem wissenschaftlichen Werk (De vegetabilibus; ca. 1260) mit dem Pflanzenreich. Den Gärten widmete er dabei ein eigenes Kapitel: »de

plantatione viridariorum« (Über das Anlegen von Lustgärten). Aufschlußreich sind seine Ausführungen vor allem aus zwei Gründen: Zum einen legen sie Zeugnis ab von dem Erwachen des wissenschaftlichen Triebes im christlichen Europa; antike und orientalische Quellen verbinden sich in seinem Werk mit eigener Erfahrung und Beobachtung. Zum anderen weisen sie, ähnlich wie die Gartenschilderungen des Petrus Crescentius oder Giovanni Boccaccios, mit ihrem Ordnungsstreben bereits in die Zukunft der Gartenkunst.

16 Der Roman de la Rose, 1236 von Guillaume de Lorris begonnen und von Jean de Meung zwischen 1275 und 1280 fortgeführt und beendet, gilt allgemein als Prototyp des spätmittelalterlichen Liebesromans und bedeutendstes Werk der französischen Dichtung des 13. Jahrhunderts (vgl. Wimmer, a.a.O., S. 15ff.). Seine Gartenschilderungen und die im Laufe der Jahrhunderte beigefügten Illustrationen (die ersten stammen aus den Jahren um 1300; besonders bedeutsam sind die um 1500 entstandenen flämischen Miniaturen) vermitteln darüber hinaus ein anschauliches Bild (spät)mittelalterlicher Gartenkunst. Übertrifft anfänglich die Phantasie der Autoren die Realität zeitgenössischer Gärten um ein vielfaches, so verhält es sich mit den Illustrationen genau umgekehrt. Sie gehen weit über das Geschilderte hinaus und dürften häufig den wirklichen Gärten jener Zeit kurz vor Beginn der Renaissance entnommen worden sein (vgl. Christopher Thacker, Die Geschichte des Gartens, Zürich 1979, S. 89).

17 Vgl. hierzu Dieter Hennebo, Gärten des Mittelalters, München 1986, S. 8.

18 Der besseren Übersichtlichkeit wegen konzentrieren wir uns im folgenden auf die mönchische und höfische Gartenwelt. Eine eigenständige Stadtgartenkultur entfaltete sich erst relativ spät. Anfanglich waren es hauptsächlich Nutzgärten, die vor den Mauern der Stadt angelegt wurden. Nicht selten entwickelten sie sich in der Folgezeit zu großen Wirtschaftskomplexen, deren Bearbeitung einem eigenen Berufsstand, in Zünften zusammengeschlossenen Handelsgärtnern, oblag. Die Existenz innerstädtischer Gärten ist eng mit dem Aufstieg der Städte verknüpft. Der wachsende Reichtum zeichnet dafür verant-

wortlich, daß im Hoch- und Spätmittelalter den der Selbstversorgung dienenden kleinen Bürgergärten, die in Anlage und Gestaltung den klösterlichen Kräuter- und Gemüsegärten ähnelten, aufwendige, die fürstliche Gartenkultur kopierende Patriziergärten und öffentliche Parkanlagen zur Seite traten.

19 Vgl. hierzu Georges Duby, Krieger und Bauern. Die Entwicklung der mittelalterlichen Wirtschaft und Gesellschaft bis um 1200, Frankfurt a. M. 1984, S. 13, und Vito Fumagalli, Wenn der Himmel sich verdunkelt. Lebensgefühl im Mittelalter, Berlin 1988, S. 28.

20 Vgl. Duby, a.a.O.

21 Fumagalli, a.a.O., S. 31.

22 Vgl. hierzu Robert Zander, Geschichte des Gärtnertums, S. 16ff.

23 Vgl. Gurjewitsch, a.a.O., S. 44.

24 Vgl. Duby, a.a.O., S. 77.

25 Fumagalli, a.a.O., S. 79.

26 Wimmer, a.a.O., S. 10.

27 Das vollständige Zitat lautet: »Hic plantata holerum pulchre nascentia uernant«; abgedruckt ist es bei Wimmer, a.a.O., S. 10.

28 Vgl. hierzu den im Dokumentationsteil wiedergegebenen Auszug aus Strabos ›Hortulus‹, S. 76ff.

29 Zitiert nach Wimmer, a.a.O., S. 10.

30 Ulrich Willerding, Gärten und Pflanzen des Mittelalters, in: Maureen Carroll-Spillecke (Hrsg.), Der Garten von der Antike bis zum Mittelalter, Mainz 1992 (Kulturgeschichte der antiken Welt, Bd. 57), S. 249-284, hier S. 251. Ausführlich diskutiert den Rechtsstatus des mittelalterlichen Gartens Karl Kroescholl, Garten und Gärtner im mittelalterlichen Recht, in: Günther Franz, Geschichte des deutschen Gartenbaues, Stuttgart 1984, S. 99ff.

31 Vgl. hierzu Thacker, Die Geschichte der Gärten, S. 83ff.

32 Zitiert nach Marie Luise Gothein, Geschichte der Gartenkunst, Bd. 1, Jena 1914, S. 189.

33 Zitiert nach Peter Cornelius Mayer-Tasch u.a., Natur denken, a.a.O., S. 162.

34 Walter Janssen, Mittelalterliche Gartenkultur. Nahrung und Rekreation, in: Bernd Herrmann (Hrsg.), Mensch und Umwelt im Mittelalter, Frankfurt a. M. 1989, S. 225.

35 Janssen, a.a.O., S. 225f.

36 Vgl. die hier wiedergegebenen Auszüge S. 76ff. zum ›Hortulus‹; vgl. auch Hennebo, a.a.O., S. 33ff.

37 Die heilige Hildegard, seit 1147 Äbtissin auf dem Rupertsberg bei Bingen, führt in dem »Liber simplicis medicinae« betitelten Abschnitt ihrer »Physica« über 200 Pflanzen auf. Interessanterweise werden erstmalig Lilie, Rose, Veilchen und Schwertlilie aus dem Kreis der eigentlichen Heilpflanzen ausgesondert und als zierende Gewächse für sich behandelt.

38 Vgl. hierzu Janssen, a.a.O., S. 229.

39 Vgl. Duby, a.a.O., S. 65.

40 Duby, Wirklichkeit und höfischer Traum. Zur Kultur des Mittelalters, Frankfurt a. M. 1990, S. 79.

41 Vgl. Janssen, a.a.O., S. 229f.

42 Vgl. E. Opravil, Synanthrope Pflanzengesellschaften aus der Burgwallzeit (8.-10. Jh.) in der Tschechoslowakei. Bericht der Deutschen Botanischen Gesellschaft, Bd. 91, Heft 1 (1978), S. 97ff.

43 Vgl. Gothein, a.a.O., S. 191f.

44 Otto Borst, Alltagsleben im Mittelalter, Frankfurt a. M. 1983, S. 93.

45 Zitiert nach Borst, a.a.O., S. 93.

46 Zitiert nach Borst, a.a.O., S. 93.

47 Hennebo, a.a.O., S. 62.

48 Hennebo, a.a.O., S. 65.

49 Vgl. Henry Markowski / Bernhard Buderath, Die Natur dem Menschen untertan. Ökologie im Spiegel der Gesellschaftsmalerei, München 1983, S. 9ff., besonders S. 10.

50 Ausführlich diskutiert Hennebo die Marien- und Liebesgartendarstellungen, a.a.O., S. 135ff.

51 Vgl. hierzu Jutta Römer, Naturästhetik in der frühen Römischen Kaiserzeit, Frankfurt a. M./Bern 1981.

52 Vgl. hierzu Derek Clifford, Geschichte der Gartenkunst, München 1981, S. 19f.: »Als die schützenden Mauern niedergelegt wurden, ging das Mittelalter zu Ende, und die grenzenlose, sinnenhafte Welt breitete sich einladend aus. Die Festung wurde bald zur Villa: der Ausblick wurde wichtiger als der Wall.«

53 Hennebo, a.a.O., S. 177.

54 Über die italienischen Renaissancegärten informieren Marella Agnelli, Italienische Gärten und Villen. Verzauberte Welten, Herford 1988, und Judith Chatfield, Die schönsten italienischen Gärten. Eine Einladung zum Besuch, Köln 1991.

55 So das Gedicht mit dem Titel »Veitshöchheim« von P.C. Mayer-Tasch, in: Ders., Wellenfehde. Gedichte, Göppingen 1963, S. 14.

56 Egon Friedell, Kulturgeschichte der Neuzeit, München 1979, S. 508.

57 Jean-Jacques Rousseau, Julie oder die Neue Heloise, München 1978, S. 494.

58 Rousseau, a.a.O., S. 503.

59 Vgl. Martin Warnke, Politische Landschaft, München/Wien 1992, S. 93.

Anhang

Ausgewählte Quellen

LUKREZ (ca. 97-55 v. Chr.)
De rerum natura libri sex (= Von der Natur der Dinge),
V. Buch, Vers 1360-1377.

Aber der Baumpflanzung Beginn und der Angelung Vorbild / War im Uranfange die schaffende Mutter Natur selbst: / Treiben doch die von den Bäumen gefallenen Beeren und Eicheln / Reichliches junges Gesproß zur schicklichen Zeit an den Wurzeln; / Nunmehr ging man daran, auf Äste die Reiser zu pfropfen / Und neusprossende Pflanzen umher in die Felder zu graben. / Andre und andere Pflege sodann des erfreuenden Ackers / Wurde versucht; man sah, daß milder im Boden die herbe / Frucht durch emsige Wartung und sorgsame Pflege sich bilde. / Täglich auch zwangen die Wälder sie weiter zurück nach den Bergen, / Um in der unteren Flur für den Feldbau Raum zu gewinnen: / Wiesen und Seen und Bäch' und Saaten und luftigen Weinbau / Wollten auf Hügeln und Fluren sie haben; des bläulichen Ölbaums / Zierlich gepflanzete Reih'n, die konnten dann über die Hügel / Laufen und weithin sich durch Täler und Fluren ergießen, / Wo im buntesten Reiz auch jetzt zu des Auges Ergötzen / Alles sich hebt, was die pflanzende Hand ausschmückt mit der süßen / Obstfrucht und ringsum es mit üppigen Hecken bekränzet.

CAPITULARE DE VILLIS VEL CURTIS IMPERII CAROLI MAGNI
Die Landgüterordnung Kaiser Karls des Großen (795),
Kapitel 70.

Wir wollen, daß sich in den Gärten alle die nachgenannten Gewächse finden: Lilien; Rosen; Bockshornklee; Frauenminze; Salbei; Gartenraute; Eberraute; Gurken; Gurken oder Melonen; Flaschenkürbis; Vietsbohnen; Römischer Kümmel; Rosmarin; Gemeiner Kümmel; Kicher; Meerzwiebel; Gemeine Siegwurz; Dragon; Anis; Koloquynthen; Zichorie; Amai; Laserkraut; Lattich; Gitt, Schwarzkümmel; Senfkohl; Gartenkresse; Klettenwurzel; Polei; Schwarzer Kohl; Petersilie; Sellerie; Liebstöckel; Sadebaum; Dill; Fenchel; Diptem; Ackersenf; Bohnenkraut; Krauseminze; Wasserminze; Rosenminze; Rainfarn; Katzenminze; Tausendgüldenkraut; Mohn; Mangold; Haselwurz; Eibisch; Rosenpappel; Möhre; Pastinak; Gartenmelde; Spinat; Kohlrabi; Kohl; Perlzwiebel; Schnittlauch; Porree; Rettich; Schalotten; Zipollen; Knoblauch; Krapp; Weberkarde; Pferdebohne; türkische Erbsen; Koriander; Gartenkerbel; Wolfsmilch; Scharlei; auf dem Dache des Gärtnerhauses soll Hauswurz stehen.

An Bäumen und Sträuchern wollen wir, daß vorhanden seien: Äpfelbäume verschiedener Art; Birnbäume verschiedener Art; Pflaumenbäume verschiedener Art; Vogelbeerbäume; Nispelbäume; Kastanien; Pfirsichbäume verschiedener Art; Quitten; Haselnüsse; Mandelbäume; Brom- und Himbeeren; Lorbeerbäume; Eiben; Feigen; Walnußbäume; Kirschen verschiedener Art; die Namen der Äpfelsorten sind: Gozmaringer, Geroldinger; Crevedeller und Speieräpfel, süße und säuerliche, durchweg Daueräpfel; auch solche, die sich nicht aufbewahren lassen; Frühäpfel.

Endlich drei bis vier Arten von Obst, das sich besonders

zum Trocknen und Einmachen eignet; süßeres Frühobst zum Einkochen und spätreifes Obst.

HRABANUS MAURUS (766-856)

De universo libri viginti duo, Buch 19, Kapitel 9 (Auszug).

Vom Gemüse

Hortus (Garten) wird der Ort genannt, weil dort immer etwas wächst. Denn wenn sonst die Erde einmal im Jahr etwas hervorbringt, trägt der Garten immer Früchte. Das Gemüse hat seinen Namen der Nahrungsaufnahme halber, da sich die Menschen zunächst vom Grünzeug ernährten, bevor sie Getreide und Fleisch aßen. So wie die Tiere Pflanzen fraßen, ernährten sich die Menschen nämlich von Baumfrüchten und vom Gemüse. Als Garten wird auch die heilige Kirche bezeichnet, in welcher die verschiedenen Arten der Tugend wachsen. Weswegen der Bräutigam von seiner Braut, der Kirche, auch sagt: umhegter Garten (hortus conclusus), meine mir versprochene Schwester: umhegter Garten, gesegneter Quell (Cant. IV). Der umhegte Garten ist somit die Kirche, da sie wie er immer eine Vielfalt von Keimen geistlicher Werke hervorbringt; sie ist wie er Lebensquell, da sie überreich ist an heilbringender Lehre. Sie ist umhegt, da sie gesalbt mit dem Schutz des Herrn für immer besteht: gesegnet durch das Glaubensbekenntnis.

Ebenso kennt aber der Garten noch eine andere Bedeutung, wie im Buch der Könige bezeugt wird und worin erzählt wird, was der König Achab zu Naboth aus Jezrael sagte: Gib mir deinen Weinberg, daß ich daraus mir einen Gemüsegarten mache, weil er so nahe an meinem Hause ist, etc. (III. Könige XXI). Naboth also, dessen Name übersetzt der Ausgezeichnete heißt, steht für den Heiland, der das Samenkorn ist, was wiederum übersetzt Jezrahel heißt, und der der wahrhaftige Sohn Gottes ist; hier hatte er den Weinberg, von dem bei Jesaja geschrieben steht: Des Herrn Sabaoth Weinberg ist nämlich das Haus Israel (Jesaja V.). Diesen aber begehrte Achab, der übersetzt Bruder des Vaters heißt und ganz offenbar Angehöriger des Volkes der Juden ist ...

WALAHFRID STRABO (809-849)

Liber de cultura hortorum; Kurzform *Hortulus* (Auszüge).

(1.) Vom Gartenbau

Zahlreich gewiß sind Zeichen und Vorzug des ruhigen Lebens, / Nicht das geringste ist es jedoch: der Rosenstadt Paestum / Kunst sich zu weihn in der Arbeit des garstigen Gottes Priapus. / Was für Land du immer besitzest, und wo es sich finde, / Sei's, daß auf sandigem Strich nur Steine unfruchtbar lasten, / Oder es bringe aus fetter Feuchte gewichtige Früchte, / Liegend auf ragenden Hügeln erhöht oder günstig im weiten, / Niedrigen Feld oder lagernd geschmiegt an die Lehne des Tales, – / Nirgends weigert es sich, die ihm eignen Gewächse zu zeugen, / Wenn deine Pflege nur nicht ermattet in lähmender Trägheit, / Nicht sich gewöhnt zu verachten den vielfachen Reichtum des Gärtners / Törichterweise, und nur sich nicht scheut, die schwieligen Hände / Bräunen zu lassen in Wetter und Wind und nimmer versäumet, / Mist zu verteilen aus vollen Körben in trockenem Erdreich. / Dies entdeckte mir nicht landläufiger Rede Erkenntnis / Und nicht allein Lektüre, die schöpft aus den Büchern der Alten: / Arbeit und eifrige Neigung vielmehr, die ich vorzog der Muße, / Tag für Tag, haben dies mich gelehrt durch eigne Erfahrung.

Frauen bei der Gartenarbeit
Titelbild zu Vadians Ausgabe des ›Hortulus‹
von Walahfrid Strabo. 1512

(2.) Schwierigkeiten des Gartenbaus

Wenn der Winter, dies Abbild des Alters, des jährlichen Kreislaufs / Magen, der gierig die reichen Früchte der Arbeit verzehret, / Durch das Kommen des Frühlings vertrieben, sich birgt in der Erde / Tiefstem Versteck, und der Lenz die Spur der verwüstenden Jahreszeit / Auszutilgen beginnt im Wiedererwachen des Lebens / Und der ermatteten Flur ihre frühere Schönheit zu bringen, – / Frühling, du Anfang des kreisenden Jahrs und Schmuck seines Laufes! – / Wenn dann reinere Lüfte die heiteren Tage eröffnen, / Kräuter und Wurzeln senden zum Licht, die im finsteren Schoße / Lang sich verbargen, scheuend und hassend die eisigen Fröste, / Wenn die Wälder mit Laub und die Berge mit üppigen Kräutern, / Lachende Wiesen schon grünen mit Gras, eine Weide der Augen, / Dann haben Nesseln den Raum überwuchert, der vor meiner Türe / Östlich zur Sonne sich wendet als Garten auf offenem Vorplatz, / Und auf den Flächen des Feldchens ist übles Unkraut gewachsen, / Pfeilen vergleichbar, verderblich bestrichen mit ätzendem Gifte. / Wie dem zu wehren? So dicht war durch unten verkettete Wurzeln / Alles verwachsen, gleich wie im Stalle der Wärter ein grünes / Flechtwerk verfertigt, kunstvoll gewirket aus biegsamen Ruten, / Wenn die Hufe des Pferds in gestauter Feuchtigkeit leiden, / Weich und morsch wird der Hornschuh, den schwammigen Pilzen vergleichbar. / Ungesäumt greife ich an mit dem Karst, dem Zahn des Saturnus, / Ruhende Schollen, breche das leblos starrende Erdreich / Auf und zerreiße die Schlingen der reglos wuchernden Nesseln, / Und ich vernichte die Gänge, bewohnt von dem lichtscheuen Maulwurf, / Regenwürmer dabei ans Licht des Tages befördernd. / Dann im Südwind, bestrahlt von der Sonne, erwärmt sich das Beetchen, / Und ich umfasse mit Holz es im Viereck, damit es beharre, / Über dem ebenen Boden ein wenig höher gehoben. / Allerwärts wird dann die Erde mit krummer Hacke zerkleinert, / Nährstoffe des kräftigen Mistes darauf gestreut in den Boden. / Manche Kräuter sucht man aus Samen zu ziehen, durch alte / Stecklinge andre zu frischem Keimen und Wachsen zu bringen.

(3.) Eifer des Gärtners und Frucht seiner Arbeit

Schließlich besprengt bisweilen ein Frühlingsregen die junge / Saat, und wechselnd erquickt der schmeichelnde Mondschein der Blätter / Zartes Gefieder. Andererseits, wenn trockene Zeiten / Weigerten etwa den Segen des Taus, dann trieben mich eifrig / Liebe zum Garten und Sorge, daß nicht die fasrigen, kleinen / Wurzeln erschlafften vor Durst, in geräumigen Krügen zu schleppen / Ströme erfrischenden Wassers und tropfenweise zu gießen / Aus den eigenen Händen, damit nicht in heftigem Schwalle / Allzu reichliche Fluten verschwemmten die keimenden Saaten. / Alsbald kleidet sich nun mit den zartesten Keimen das ganze / Gärtchen, und wenn auch ein Teil seiner Beete unter dem hohen / Dache, Regen und Tau entbehrend, verstaubt und verschmachtet, / Und wenn ein anderer Teil in dauerndem Schatten die Sonne / Flieht und vermißt, weil hindernd zur Seite hoch eine Wand den / Zugang des feurigen Himmelsgestirnes ihm neidisch verweigert, – / Gleichwohl hat doch mein Garten von dem, was man einst ihm vertraute, / Nichts ohne Hoffnung auf Wachstum untätig im Boden verschlossen. / Nein, er hat, was er beinah vertrocknet empfing, in gehölte / Gruben versetzt, mir erstattet voll wiedererwachender Grüne, / Vielfach vermehrt in zahlreicher Frucht die Aussaat belohnend. / Nun braucht es Dichtertalent, Erkenntnis und Schönheit der Rede, / Um zu verkünden die Namen und Kräfte so reichlicher Ernte, / Daß auch das Kleine dadurch mit hoher Ehre sich schmücke.

(26) Rose

Wäre ich nicht zu müde, den Weg noch weiter zu wandern, / Schreckte mich nicht der beschwerliche Bau eines neuen Gedichts, / Müßte die köstlichen Sträucher der Rose ich mit des Pactolus / Gold und der Araber schimmerndem Edelgestein nun umkleiden. / Weil Germanien tyrischen Purpurs entbehrt und das weite / Gallien nicht der leuchtenden Purpurschnecke sich rühmet, / Schenkt zum Ersatz die Rose alljährlich üppig goldgelben / Flor ihrer purpurnen Blüte, die allen Schmuck der Gewächse / Alsbald an Kraft und Duft, wie man sagt, so weit überstrahlte, / Daß man mit Recht als die Blume der Blumen sie hält und erkläret. / Sie erzeugt ein Öl, das nach ihrem Namen genannt wird, / Wie oft dieses zum Segen der Sterblichen nützlich sich zeigt, – / Keiner der Menschen vermag es zu wissen oder zu sagen. / Ihr zur Seite, bekannt und geehrt, stehen der Lilie Blüten, / Deren wehender Duft noch weiter die Lüfte durchtränket. / Wenn aber einer zerquetscht das glänzende Fleisch ihrer weißen / Frucht, so wird er verwundert bemerken, daß wie verflogen / Alsbald entschwindet jeder Gedanke an lieblichen Nektar. / Reinheit der Jungfrau, selig gepriesen, strahlt aus der Blume; / Dann nur leuchtet sie duftend, wenn Not der Sünde ihr fernbleibt, / Wenn unheiliger Liebe Begier ihre Blüte nicht knicket. / Gehet jedoch ihrer Unberührtheit Kleinod verloren, / Werden in üblen Gestank sich die holden Düfte verwandeln. / Denn diese beiden Blumen, berühmt und gepriesen, sind Sinnbild / Seit Jahrhunderten schon der höchsten Ehren der Kirche, / Die im Blut des Martyriums pflückt die Geschenke der Rose / Und die Lilien trägt im Glanze des strahlenden Glaubens. / Jungfrau Maria, Mutter, die du den Sohn hast geboren, / Jungfrau, im Glauben ohn' Makel, du Braut nach des Bräutigams Namen, / Braut und Taube, des Hauses Herrin, verläßliche Freundin, / Pflücke Rosen im Streit und brich frohe Lilien im Frieden. / Aus dem Königsstamm Jesse ist dir die Blüte entsprossen, / Retter und Bürge allein des erneuerten alten Geschlechtes. / Er hat die lieblichen Lilien geweiht durch sein Wort und sein Leben, / Färbend im Tode die Rosen, hat Frieden und Kampf seinen Jüngern / Auf dieser Erde gelassen, die Tugenden beider verbindend, / Beiden Siegen verheißend die Krone des ewigen Lebens.

Gärtner mit Lilien
Das kleine Gärtlein der Kräuter. 1518

(27.) Zueignung des Werkleins über den Gartenbau

Dir, gelehrtester Vater Grimaldus, widmet dein Schüler / Strabo ergebenen Sinns den Tribut dieser kleinen Geschenke, / Ohne Gewicht und Anspruch und nur von bescheidenem Nutzen. / Wenn du einmal verweilst im Geheg deines einfachen Gärtleins, / Unter dem laubreichen Wipfel der schattigen Obstbäume sitzend, / Wo der Pfirsich mit ungleichen Schatten die Strahlen zerstreuet, / Während die spielenden Knaben, die fröhliche Schule des Klosters, / Dir die weißlichen Früchte mit zarter, flaumiger Schale / Sammeln – sie legen sie dir in den breiten Teller der Hände, / Mit ihren Fingern versuchend, die

Kugeln ganz zu umspannen –, / Dann, mein gütiger Vater, gedenke unserer Arbeit, / Während du liesest, was ich dir freudig verehre, und tilge / Bitte beim Lesen die Fehler, und was dir gefällt, anerkenne. / Lasse dich Gott, in ewiger Tugend kräftig bestehend, / Selig gewinnen die Palme des unvergänglichen Lebens! / Dies gewähre der Vater, der Sohn und der Geist dir in Gnaden!

HILDEGARD VON BINGEN (1098-1179)
Naturkunde. Das Buch von dem inneren Wesen der verschiedenen Naturen in der Schöpfung,
Vorrede zum Ersten Buch (*Über die Pflanzen*).

Bei Erschaffung des Menschen aus Erde wurde eine andere Erde genommen, welche den Menschen darstellt, und alle Elemente waren ihm untertan, weil sie fühlten, daß Leben in ihm war, und sie halfen ihm in allen seinen Bemühungen und er ihnen. Und die Erde spendete ihre Kraft (Viriditas) nach dem Geschlecht, nach der Natur, nach der Lebensweise und dem ganzen Verhalten des Menschen. Denn die Erde zeigt mit den natürlichen Kräutern das Verhalten der feineren Sitten des Menschen, sie in den Grenzen zu unterscheiden, aber in den unnützen Kräutern offenbart sie seine nichtsnutzigen, teuflischen Eigenschaften.

Es gibt einige Kräuter, welche mit bestimmten Speisen gekocht werden, diese fördern die Verdauung des Menschen (velocem faciunt ad pastum), sie sind leicht, weil sie den Menschen nicht viel beschweren, und sind ähnlich dem Fleische des Menschen. Der Saft der Obstbäume ist ungekocht schädlich, gekocht nützlich, er ist dem Blute des Menschen zu vergleichen. Die nicht fruchttragenden Bäume, welche sich nicht fortpflanzen, sind Hölzer und keine Bäume, sie haben wohl Blätter, welche den Menschen zur Speisenbereitung nichts taugen, so daß sie weder viel schaden noch nützen, sie sind dem Dahinwelken des Menschen zu vergleichen. Was aber in den Bäumen und Hölzern ist, woraus die Taue gefertigt werden, gleicht den Adern des Menschen. Auch die Steine der Erde können mit Knochen des Menschen gleichgehalten werden und die Feuchtigkeit der Steine dem Mark des Knochen, weil der Stein mit der Feuchtigkeit zugleich Wärme hat. Die Steine jedoch, mit denen die Dächer gedeckt werden, gleichen den Nägeln des Menschen an Händen und Füßen. Einige Pflanzen wachsen in der Luft, auch diese sind zuträglich für die Verdauung des Menschen und heiterer Natur, so daß sie auch den Menschen, welcher sie genießt, fröhlich stimmen, und sie gleichen den Haaren des Menschen, weil diese selbst immer leicht und luftig sind. Andere Pflanzen hingegen sind windig, weil sie durch den Wind wachsen; daher sind sie auch trocken und schwer für die Verdauung und von strenger Natur, so daß sie den Menschen beim Genuß traurig machen; sie gleichen oder ähneln aber dem Schweiß des Menschen. Der Saft der ungenießbaren Kräuter ist giftig, weil sie selbst giftig und dem Auswurf des Menschen vergleichbar sind.

Auch die Erde hat Schweiß, Feuchtigkeit und Saft. Denn der Schweiß bringt die nutzlosen Kräuter hervor, ihre Feuchtigkeit die nützlichen, eßbaren und auch zum anderweitigen Gebrauch des Menschen dienenden Kräuter. Der Saft erzeugt die Weinbeere und die lebensprießenden Bäume. Die Pflanzen, welche des Menschen Mühe sät, werden allmählich emporkommen und wachsen wie die Haustiere, sie verlieren durch die Anstrengung des Menschen beim Ausstreuen und Säen die Herbe und Bitterkeit ihrer Säfte, so daß die Feuchtigkeit ihrer

Säfte die Qualität des Saftes des Menschen etwa erreicht und sie ihm zu Speise und Trank einigermaßen zusagen.

Die Pflanzen aber, welche sich freiwillig ohne des Menschen Zutun säen und rasch und unvermutet wie die ungezähmten Tiere wachsen und emporkommen, sind für den Menschen ungenießbar, weil der Mensch durch Saugen, durch Speise in gemessener Zeit ernährt wird, was bei den genannten Pflanzen nicht der Fall ist. Demnach aber gleichen einige derselben als Medizin die schädlichen und kranken Säfte in den Menschen aus.

Jede Pflanze ist aber entweder kalt oder warm und wächst so, weil die Wärme der Pflanzen die Seele, die Kälte den Körper bedeutet, und dann entwickeln sie sich nach ihrer Art, indem sie mehr Wärme oder mehr Kälte haben. Denn wenn alle Pflanzen warm wären und gar keine kalt, so würden sie bei denen, welche sie anwenden, das Gegenteil bewirken. Wenn aber alle kalt wären und keine warm, so würden sie in derselben Weise den Menschen Unbehagen bereiten, weil die warmen der Kälte, die kalten der Wärme des Menschen Widerstand leisten. Einige Pflanzen haben die Kraft der stärksten Gewürze, die Strenge der bittersten Gewürze in sich. Deshalb beschwichtigen sie auch die meisten Übel, weil die bösen Geister diese verursachen und zu Schaden wirken lassen. Es gibt aber auch einige Pflanzen, welche gleichsam den Schaum (spumam) der Elemente in sich haben, aus denen die Menschen, von Täuschung befangen, ihre Schicksale zu erforschen suchen; diese liebt der Teufel und gesellt sich ihnen zu.

NIZAMI (1141-1202)
Was die persische Prinzessin am Freitag in der weißen Venuskuppel erzählte.

Einst lebte ein Jüngling, der war gelehrt wie der junge Jesus und schön wie Joseph in Ägypten, und er besaß vor der Stadt einen Garten von solcher Pracht, daß man hätte glauben können, das Paradies sei dort auf die Erde gefallen.

Kein Fürst besaß jemals ein derartiges Juwel! Da gab es Rosenhecken und Spaliere von Fruchtbäumen aller Sorten, Samtwiesen, von Bächen durchflossen, und stille Teiche, in denen junge Zypressen wie aus Smaragd und mit Turteltauben auf ihren Ästen sich spiegelten. Nirgends sonstwo traf man so viele Vögel, nirgends sangen sie lieblicher, und jedermann mußte sie um ihre Flügel beneiden; denn – ach! – auf allen vier Seiten war dieser Himmelspark von einer hohen Mauer umschlossen, die den bösen Blick und die Diebe am Eindringen hindern sollte.

Kann es da wundernehmen, daß dieser Garten die größte Freude und den ganzen Stolz seines Besitzers bildete? So oft es ihm seine Geschäfte erlaubten, kam er aus der Stadt zur Erholung dorthin – beschnitt die Bäume, pflanzte Jasmin, Narzissen und Veilchen und unternahm einen Rundgang, der sein Herz immer neu mit Entzücken erfüllte.

ALBERTUS MAGNUS (1193-1280)
De vegetabilibus, I. Buch, 14. Kapitel (*De plantatione viridariorum*).

Es gibt aber gewisse Stellen, die nicht großen Nutzen oder Ertrages wegen, sondern zum Vergnügen eingerichtet sind, die eher der Pflege entbehren können und die deshalb keiner der besprochenen Ländereien zugerechnet werden. Diese aber sind es, welche viridantia oder viridaria genannt werden. Diese aber werden angelegt, weil sie am meisten dem Vergnügen zweier Sinne dienen, das ist, dem Gesichts- und dem Geruchssinn; deshalb werden sie besser unter Verzicht auf die Dinge, welche am meisten der Pflege bedürfen, angelegt.

Der Gesichtssinn wird nämlich durch nichts so angenehm entzückt wie durch den Anblick zarten und haarfeinen, nicht langen Grases. [. . .]

Zu beachten ist aber, daß der Rasen so bemessen sei, daß außen um das Rasenquadrat herum Duftkräuter aller Art gepflanzt werden können, wie Raute und Salbei und Basilikum, und ähnliche Blumen aller Art, wie Veilchen, Akelei, Lilien, Rosen, Iris usw. Zwischen diesen Kräutern und dem Rasen, am Rande des Rasenquadrats entlang, soll ein etwas erhöhtes Rasenstück sein, das blühend und anmutig ist und gleichsam zur Hälfte als Sitzgelegenheit eingerichtet, damit dort die Sinne Erquickung fänden und die Menschen sich niederlassen könnten zu vergnüglicher Ruhe.

Auf den Rasen sollen auch gegen die Bahn der Sonne Bäume gepflanzt oder Weinreben gezogen werden, damit der Rasen, durch deren Laub gleichsam geschützt, angenehmen und erfrischenden Schatten habe. Doch von jenen Bäumen wird eher Schatten als Obst gefordert, und deshalb soll man sich bei ihnen nicht viel um das Umgraben und Düngen kümmern, wovon der Rasen großen Schaden leiden würde. Auch ist dafür Sorge zu tragen, daß die Bäume nicht gar zu dicht beieinander stehen und zu zahlreich sind; denn das Abhalten des Windes kann das Gedeihen zunichte machen, und deshalb verlangt ein viridarium frei wehende Luft und Schatten. Ferner aber ist in Betracht zu ziehen, daß es keine ungenießbaren Bäume gebe, deren Schatten Unpäßlichkeiten hervorruft, wie es beim Nußbaum und gewissen anderen der Fall ist. Vielmehr sollen es süße, im Duft aromatische und im Schatten angenehme Bäume sein, wie es die Weinreben, Birnen, Äpfel, Granatäpfel, Lorbeerbäume, Zypressen usw. sind.

Außerhalb des Rasens aber soll es eine große Vielfalt an Heil- und Duftkräutern geben, so daß sie nicht nur zunächst den Geruchssinn erfreue, sondern daß die Blumen auch mit ihrer Vielfalt den Gesichtssinn erquicken und durch ihre großartige Verschiedenartigkeit die Betrachter zur Bewunderung verleiten. An diesen Stellen soll viel Raute untergemischt werden, weil sie von schönem Grün ist und auch weil sie durch ihre Bitterkeit die schädlichen Tiere aus dem viridarium vertreibt.

In der Mitte des Rasens aber darf es keine Bäume geben, sondern die Fläche erfreut vielmehr selbst durch die freie und unverdorbene Luft, denn jene Luft ist zum einen gesünder, zum anderen würden auch, wenn man in der Mitte des Rasens Bäume gepflanzt hätte, von einem Baum zum anderen gezogene Spinngewebe die Gesichter der Spazierenden umwinden und infizieren.

Wenn es aber möglich ist, soll eine ganz reine Quelle in die Mitte geleitet und in einem steinernen Becken aufgefangen werden, weil die Reinheit einer solchen viel zur Annehmlichkeit beiträgt. Gegen den Nord- und Ostwind sei das viridarium auch wegen der Gesundheit und Reinheit dieser Winde offen. Gegen die entgegengesetzten Winde aber, das heißt, den Süd- und Westwind, sei es wegen der Turbulenz, Unreinheit und Unzuverlässigkeit dieser Winde geschlossen. Obgleich nämlich der Nordwind das Reifen des Obstes verzögert, fördert er doch in erstaunlichem Maße die Atmung und schützt die Gesundheit. Denn Erquickung sucht man im viridarium, und nicht Obst.

GUILLAUME DE LORRIS (1205-1240) und JEAN DE MEUNG (1250-1305)
Le roman de la rose (*Der Rosenroman*), Vers 1326-1441.

Der Garten nun im Durchschnitt war / Ein gleiches Viereck ganz und gar, / So lang wie breit auch angelegt. / Da war kein Baum, der Früchte trägt, / Kein Baum, wie seltsamlich er sei, / Von dem nicht einer oder zwei / Und mehr da war'n, so wie sich's tut: / Viel'Apfelbäum – das weiß ich gut – / Mit reichlicher Granatenwucht. / Gar gut für Kranke ist die Frucht – Nußbäum' auch gab's da, groß und breit, / Die tragen auch zu ihrer Zeit, / Als wie Muskatnüss' solch Nüss', / Die sind nicht herb' noch schlecht gewiß. / Auch Mandelbäum'war'n da gepflanzt. / So war auch in dem Hain' gepflanzt, / Ein Feigen- und ein Dattelbaum. / Man sah, da hatte Pflege Raum. / Manch schöne Würze war dabei / Und faßt sie ein – / Süßholz, Levkoi, / Vom Himmelgarten Sämerei'n, / Würz', Anis und Kamillen fein, / Und manches treffliche Gemüs', / Das auf dem Tisch gar gut und süß. / Im Haine war'n auch Bäum' zu sehn, / Mit Quitten, Pfirschen wohl versehn, – / Kastanie, Nuß-, Birn-, Apfelbaum, / Und Mispel, weiß' und schwarze Pflaum', / Und rote Kirschen, frisch und schwer, / Spierling', Walnüsse und Elsbeer', / Und hoher Lorbeer, hoher Tann', / die füllten all' den Garten an. / Ölbäume und Zypressen auch, / Die sonst doch gar nicht hier in Brauch'. / Und Ulmen, stark und wohlverzweigt, / Und Buchen, ebenso erzeugt, / Und Haselsträucher, grad' und krumm, / Und Ahorn, Tann' und Esch' ringsum. / Wie nennt' ich ihrer all' Gewühl'? – / Der Bäume gab es hier so viel', / Daß, eh' ich sie gezählet, schon / Wär'n eingegangen viel davon. / Das wißt, die Bäume war'n geführt / Im Zwischenraum, der sich gebührt. / Der eine stand vom andern gern / Wohl fünf, ja auch sechs Klaftern fern. / Breit

Gewürzgarten im Frühling
Illustration aus dem 15. Jahrhundert zum ›Roman de la Rose‹

ging und lang das Baumwerk fort, / Die Hitz' zu wehren von dem Ort', / Es war ringsum so stark und dicht, / Daß wohl niemals kein Sonnenlicht / Durchdringen konnte auf den Grund, / Zu machen da ein Gräslein wund.

Dammhirsch' und Rehe gab's zumal, / Eichhörnchen eine große Zahl, / Die hüpften da von Ast zu Ast, / Und die Kaninchen liefen fast / Fortwährend außer ihren Höhlen, / Wohl dreißig Arten könnt' ich zählen, / Auf die sie hockten rings und rund / Und weideten auf grünem Grund'. / Da gab's auch Springquelln, frisch und rein, / Ohn' Frösch' und Schnecken insgemein, / Von Laub beschattet allzumal, / Doch weiß ich

Der Liebende im Rosengarten
Illustration von 1494 zum ›Roman de la Rose‹
des Guillaume Lorris. 1220/30

nicht mehr ihre Zahl. / In Wasserröhr'n, die Wohlgemut / Erbau'n ließ, floß gar schön und gut / Ein reicher Wasserguß zu Tal, / Und machte süßen lieben Schall, / Und zwischen Bächen da und Quell'n, / Und Springquell'n, reinlichen und schnell'n, / Schwoll'n rings die Gräser grün und frisch, / Sie konnten all' in dieser Frisch' / Sich pflegen als in einem Bette, / Die Erde bot gar weiche Stätte / Rings um den Springquell, und es ragte / Das Gras hervor, wie ihm behagte. / So kam es, daß auf diese Art / Der Platz gar sehr verschönert ward, / Und reich und schön ward da geschaut / Des Winters wie des Sommers Kraut. / Da gab es Veilchen, schön und fein, / Und Eppich, frischen und immer neu'n, / Da gab es Blumen, rot und weiß / Und gelb zu Wunder und zu Preiß', / Die Erde war fast zu beengt, / Da sie gestickt war und besprengt / Von Blumen, die gar bunt zu sehn, / Und duften ringsum herrlich schön; / Ich sag' Euch nicht mehr lange Mähr' / Von dieses Platzes Schönheit her. / Es ist wohl besser, daß ich schweige, / Dieweil ja doch ich nimmer zeige / Des Haines ganze Herrlichkeit / Und seine große Lieblichkeit. / Bald war ich hier, bald war ich dort, / So daß im Garten jeden Ort / Geseh'n ich hab' und durchgemacht, – / Der Gott der Liebe hatt's gemacht, / Herum mich treibend grad' und krumm, / So jagt ein Jäger wohl herum / Ein Tier, das dann an schöner Stelle / Erwarten muß des Pfeiles Schnelle. –

Da kam ich auf ein schönes Land, / An dessen letztem End' ich fand / 'Nen Springquell unter einer Föhr'. / Seit Karl, Pippins Sohn, ward nicht mehr / So schöne Fichte wo geseh'n, / Noch wächst je eine mehr so schön, / So schön war kein Baum mehr im Hain'. – / In einem Born' von Marmelstein / Hatt' da Natur mit Meisterschaft / Den Springquell unter'm Baum geschafft. / Gegraben auf dem Becken stand / Auch eine kleine Schrift am Rand' – / Die lautete so: Allhier bot / Sich schön' Narzissus selbst dem Tod'.

PIETRO DE CRESCENCI (1233-1321)

Ruralia Commodora (abgeschlossen zwischen 1304-1306), Achtes Buch (*De viridariis et rebus delectabilibus ex arbores et herbis et fructu ipsarum artificiose agendis*).

Das Achte Buch über Lustgärten und vergnügliche Dinge, die aus Bäumen, Kräutern und den Früchten derselben mit Kunst zu ziehen sind. In den vorangegangenen Büchern wurde von Bäumen und Kräutern im Hinblick darauf gehandelt, daß sie sich dem menschlichen Körper als nützlich erweisen. Jetzt aber ist von denselben im Hinblick darauf zu sprechen, daß sie dem vernünftigen Geist Freude gewähren und folglich die Gesundheit des Körpers stets von der Verfassung des Geistes abhängt.

(III.) Über Lustgärten von Königen und anderen vornehmen Herrn

Weil solche Personen ja ihres Reichtums und ihrer Macht wegen in weltlichen Dingen ihrem Verlangen willfahren können und ihnen meist nichts als Fleiß bei der ordentlichen Pflanzung fehlt, mögen sie erfahren, auf welche Weise sie einen Lustgarten, der großes Vergnügen gewährt, anlegen können. Sie mögen also einen ebenen, nicht sumpfigen Platz aussuchen, der nicht gegen die Zufuhr der guten Winde verschlossen ist. Es muß eine Quelle da sein, die den Platz bewässert. Der Platz aber soll 20 *jugera* [5 ha] groß sein oder nach Gutdünken des Herrn größer. Er werde mit angemessen hohen Mauern umgeben, und auf seiner Nordseite werde ein Hain aus verschiedenen Bäumen gepflanzt, in welchem Waldtiere, die in den Lustgarten versetzt sind, herumlaufen und sich verbergen mögen können. Auf der Südseite aber werde ein schöner Palast errichtet, in dem König und Königin verweilen mögen, wenn sie schweren Gedanken entfliehen und ihre Seele mit Freuden und Erquickungen laben wollen. [. . .]

(IV.) Was zum Vergnügen bei der Einfriedung der Höfe und Gärten geschehen kann

Um Gräber und Höfe oder um Gärten können zweckmäßige Einfriedungen aus grünen Bäumen, ähnlich den Einfriedungen durch eine Mauer oder einen Plankenzaun, auch mit Türmen oder Bergfrieden bestückt, auf folgende Weise gemacht

Der Großmogul Babar beaufsichtigt Arbeiten in einem seiner Gärten
Indische Miniatur aus dem späten 16. Jahrhundert

werden. Am oberen Rand der Gräben, die den Platz umgeben und die vollkommen von allem Gestrüpp und von alten Bäumen befreit sein müssen, pflanze man tief Weiden oder Pappeln, wenn der Boden danach verlangt, oder Ulmen, wenn sie die betreffende Erde lieben. Man setze sie dicht, mit einem Fuß Abstand oder weniger, und in gerader Linie. Wenn sie dann gut gewachsen sind, schneide man sie dicht über dem Boden ab, verflechte die jungen Triebe der Stämme vier Finger breit ineinander, führe sie mit Stangen, Pfählen und Bändern so lange aufwärts, bis sie acht oder zehn Fuß erreicht haben. In dieser Höhe werden sie, wenn sie eine bestimmte Stärke erreicht haben, geschnitten. Etwa fünf Fuß hinter dieser Einfriedung aber setze man zur selben Zeit wie die anderen ebensolche Pflanzen im Abstand von zehn Fuß. Die schneide man, wenn sie die oben genannte Höhe erreicht haben, ab und biege sie mit Hilfe von Stangen gegen die zunächst und gegen die außen stehenden Pflanzen nieder und die außen stehenden wieder gegen sie; und das soll so jedes Jahr geschehen, bis gleichsam eine Art starkes Geflecht entstanden ist, auf dem Menschen sicher verweilen können. Dann lasse man den äußeren Teil in der Stärke einer Grenzmauer wachsen. Er könnte in einer nach Belieben bestimmten Höhe alljährlich in Form von Mauerzinnen geschnitten und auf diese Art gehalten werden. Im Verlauf einer solchen Einfriedung hat man an den Ecken und anderswo, wenn es gefiel, je vier Bäume pflanzen können, sie erst gerade wachsen lassen, dann in zehn Fuß Höhe alle abschneiden, mit Hilfe von Stangen gegeneinanderbiegen und gleichsam Dächer aus ihnen machen, sie abermals in die Höhe richten und auf dieselbe Weise formen. Über dem Tor aber wird ein Haus am besten stehen und vor diesem das Dach der oben genannten Bäume. Auch in Höfen oder Gärten kann ein Haus mit Säulen aus Bäumen gemacht werden, am besten, wenn man dieselben in schon angewachsenem Zustand verpflanzt, darüber Balken anbringt und sie mit einem Dach (*tecto*) aus Schilf oder Stroh bedeckt; indessen soll aber ein Zweig aus jeder einzelnen Säule über das Dach hervorragen; das wird diese Säule stets vor Trockenheit bewahren und schützt dieses Haus wunderbar vor der sommerlichen Glut.

MARCO POLO (1254-1324)

Vom Alten vom Berge, seinem Palaste und seinen Gärten, seiner Gefangenschaft und seinem Tode.

Nachdem von diesem Lande gesprochen worden ist, soll des Alten vom Berge Erwähnung getan werden. Die Landschaft, in welcher seine Residenz lag, erhielt den Namen Mulehet, welches in der Sprache der Sazarenen der Ort der Ketzer bedeutet, und sein Volk den von Mulehetites oder Halter am ketzerischen Glauben, wie wir den Namen Katharini auf gewisse Ketzer unter den Christen anwenden. Die folgende Erzählung von diesem Fürsten versichert Marco Polo von verschiedenen Personen gehört zu haben. Er hieß Aloeddin und seine Religion war die Mahomet's. In einem schönen von zwei hohen Bergen eingeschlossenen Tale hatte er einen überaus herrlichen Garten anlegen lassen, in welchem die köstlichsten Früchte und die duftigsten Blumen, die man sich nur denken kann, wuchsen. Paläste von mannigfacher Größe und Form waren in verschiedenen Terrassen in diesem luftigen Grunde übereinander gebaut, geschmückt mit Schildereien von Gold, mit Gemälden und reichen Seidenstoffen. Man sah in diesen Gebäuden viele springende Brunnen mit klarem frischem Wasser, an anderen Orten flossen ganze Bächlein mit Wein, Milch und Honig. In den Palästen waren die schönsten Mägdlein und Weibsbilder, die in den Künsten des Gesanges erfahren waren, auf allerlei musikalischen Instrumenten spielen konnten, köstlich tanzten und auf alle Freude und Kurzweil abgerichtet waren. Angetan mit reichen Kleidern, sah man sie fortwährend sich erlustigen und den Garten und die Pavillons von Lust und Freude ertönen machen; ihre Aufseherinnen aber waren innerhalb der Gebäude eingeschlossen und durften sich nicht sehen lassen. Die Absicht aber, weshalb der Fürst einen Garten so bezaubernder Art hat herstellen lassen, war die: Mahomet hatte denen, die seinen Geboten folgten, die Freuden des Paradieses versprochen, wo jede Art sinnlichen Genusses in Gesellschaft schöner Weiber gefunden werden sollte; nun wollte der Fürst seinen Anhängern glauben machen, daß er auch ein Prophet wäre, Mahomet ähnlich, und die Gewalt habe, die in das Paradies zu bringen, die er in seine Gunst aufnähme. Damit nun Niemand ohne seine Erlaubnis den Weg in dieses köstliche Tal finden könnte, ließ er ein festes uneinnehmbares Schloß am Eingange desselben aufrichten, durch welches man nur auf einem geheimen Wege gelangen konnte. An seinem Hofe hielt der Fürst auch eine Anzahl Jünglinge von zwölf bis zwanzig Jahren, die er aus den Einwohnern der benachbarten Gebirge wählte, welche Anlage zu kriegerischen Übungen zeigten und kühn und verwegen zu sein schienen. Diese unterhielt er täglich von dem vom Propheten verkündigten Paradiese und von seiner eigenen Macht, sie in dasselbe einzuführen, und zu gewissen Zeiten ließ er zehn oder einem Dutzend der Jünglinge Tränke geben von einschläfernder Natur, und wenn sie in einen todähnlichen Schlaf versunken waren, ließ er sie in verschiedene Zimmer der Paläste des Gartens bringen. Wenn sie nun aus diesem tiefen Schlummer erwachten, wurden ihre Sinne berauscht von allen den entzückenden Gegenständen, die ihnen schon beschrieben waren, und ein Jeder sah sich umgeben von lieblichen Mädchen, die sangen, spielten und seine Blicke durch die bezauberndsten Liebkosungen auf sich zogen; auch bedienten sie ihn mit köstlichen Speisen und herrlichen Weinen, bis er ganz trunken von dem Übermaß des Vergnügens, mitten zwischen wirklichen Bächen von Milch und Wein, sich sicher im Paradiese wähnte und einen Widerwillen fühlte, seine Freuden zu verlassen. Wenn vier oder fünf Tage in dieser Weise vergangen waren, wurden sie wieder in den tiefen Schlaf versetzt und aus dem Garten gebracht. Darauf wurden sie wieder vor den Fürsten geführt; und von ihm gefragt, wo sie gewesen wären, antworteten sie: ›Im Paradiese durch die Gnade Eurer Hoheit‹, und dann erzählten sie vor dem ganzen Hofe, der ihnen mit Staunen und Neugierde zuhörte, von dem Außerordentlichen, was sie gesehen und erlebt hätten. Der Fürst wandte sich alsdann an sie und sagte: ›Wir haben die Versicherung von unserem Propheten, daß der, welcher seinen Herrn verteidigt, in das Paradies kommen werde, und wenn ihr treu meinem Gebote nachkommt und gehorsam meinen Befehlen seid, so wartet eurer dieses glückliche Los!‹ Zum Enthusiasmus erregt durch solche Worte, schätzten sich alle glücklich, die Befehle ihres Herrn zu empfangen und waren eifrig, in seinem Dienste zu sterben. Dadurch geschah es, daß, wenn irgendeiner der benachbarten Fürsten oder wer sonst, diesem Fürsten Mißfallen erregte, dieser ihn durch die von ihm erzogenen Meuchelmörder toten ließ; keiner schreckte zurück, sein eigenes Leben daranzusetzen, das sie gering schätzten, wenn sie nur ihres Herrn Befehle ausführen konnten. Bei dieser Gelegenheit wurde seine Tyrannei furchtbar in allen umliegenden Ländern. Er hatte auch zwei Abgeordnete oder Statthalter, von denen der eine in der Nähe von Damaskus residierte und der andere in Kurdistan, und diese verfolgten den von ihm vorgeschriebenen Plan und zogen die Jugend zu unbedingtem Gehorsam heran. So gab es keinen noch so Mächtigen, der, wenn er sich die Feindschaft des Alten vom Berge zugezogen hatte, dem Tode durch Meuchelmord hätte entgehen können. Da sein Land in dem Reiche Ulau's (Hulagu's), dem Bruder des Großkhans (Mangu), lag und dieser Fürst von den entsetzlichen Taten Kenntnis erhielt, so wie, daß er die Leute dazu anstellte, die Reisenden zu berauben, die durch sein Land zogen, sandte er im Jahre 1262 eine seiner Armeen, den argen Fürsten in seiner Burg zu belagern. Sie war aber zur Verteidigung so wohl eingerichtet, daß sie drei Jahre Stand hielt, bis er endlich durch Hungersnot gezwungen wurde, sich zu ergeben und, zum Gefangenen gemacht, hingerichtet wurde. Seine Burg wurde niedergerissen und sein Paradiesgarten zerstört.

GIOVANNI DI BOCCACCIO (1313-1375)
Decamerone (= Das Dekameron),
aus der Einleitung zum *Dritten Tag.*

Hierauf ließen sie sich einen von Mauern umgebenen Garten öffnen, der sich an den Palast anschloß, und traten ein; und sie fanden ihn gleich beim Eintritte in seiner Gesamtheit von so wunderbarer Schönheit, daß sie mit größter Aufmerksamkeit an die Betrachtung der Einzelheiten gingen. Ringsherum und nach allen Richtungen im Innern liefen pfeilgerade, breite Wege, überlaubt von Weinreben, die für dieses Jahr eine reiche Traubenernte versprachen; und da sie damals in der Blüte standen, strömten sie zusammen mit den andern Gewächsen, die im Garten dufteten, einen solchen Wohlgeruch aus, daß sich die Gesellschaft mitten unter alle Spezerei des Morgenlandes versetzt wähnte. Und diese Gänge waren, so wie oben durch das Rebendach, an den Seiten überall mit Hecken von weißen und roten Rosen und Jasmin gleichsam geschlossen, so daß man sich unter dem lieblichen, würzigen Schatten nicht nur am Morgen, sondern auch wann die Sonne am höchsten stand, nach Belieben ergehn konnte, ohne von den Strahlen getroffen zu werden. Wie viele und was für Pflanzen dort wuchsen und wie sie verteilt waren, das zu schildern wäre zu weitläufig: aber von allen nennenswerten, die unser Himmelsstrich gedeihen läßt, war nicht eine, die dort nicht im Überflusse vorhanden gewesen wäre. Mitten in dem Garten – und das war nicht sein geringster Vorzug – war eine Wiese von zartem Grase, deren beinahe ins Schwarze übergehendes Grün vielleicht von tausenderlei bunten Blumen unterbrochen war; und sie war ringsum von grünen, strotzenden Orangen- und Zitronenbäumen umschlossen, die mit ihren Früchten, alten sowohl als auch unreifen, und ihren dabei noch immer blühenden Zweigen zugleich das Auge durch den Schatten und den Geruchssinn durch den Duft letzten. Und mitten in dieser Wiese war ein Brunnen aus weißem Marmor, ein Meisterwerk der Bildhauerkunst. Darin sprang, ich weiß nicht ob durch natürliche Kraft oder durch eine künstliche Anlage, aus einer Figur, die auf einer in der Mitte errichteten Säule stand, ein so mächtiger Wasserstrahl zum Himmel empor, daß eine geringere Menge eine Mühle im Gange erhalten hätte, und fiel dann, nicht ohne ein liebliches Geplätscher, in den klaren Brunnen zurück. Das Wasser, das der Brunnen nicht fassen konnte, lief auf verborgenem Wege bis zum Rande der Wiese, trat dort ans Licht und umfloß sie in schönen, künstlich angelegten Gräben; ähnliche Gräben führten es in jeden Teil des Gartens, bis es sich endlich an einem Punkte sammelte und den schönen Garten verließ, um als klares Bächlein in die Ebene niederzufließen, nachdem es noch vorher zu nicht geringem Nutzen des Besitzers mit großer Wucht zwei Mühlen getrieben hatte. Der Anblick dieses Gartens, der so schön angelegt war, der Pflanzen und des Springbrunnens mit dem daraus abfließenden Bächlein machte jeglicher Dame und den drei jungen Männern so viel Vergnügen, daß sie sich einmütig gestanden, sie wüßten sich nicht vorzustellen, daß ein irdisches Paradies, wenn das möglich wäre, anders aussehen könnte als dieser Garten, und sie seien außerstande, eine Schönheit zu erdenken, die ihm hinzugefügt werden könnte. Indem sie so in aller Zufriedenheit lustwandelten, aus mannigfaltigen Zweigen schöne Kränze windend und den Vöglein lauschend, die wohl in zwanzigerlei Weisen um die Wette zu singen schienen, entdeckten sie noch eine reizende Schönheit, die sie, von den andern gefesselt, bisher nicht wahrgenommen hatten: sie sahen nämlich, daß der Garten wohl an hundert Arten hübscher Tiere enthielt, und einer konnte den andern aufmerksam machen, daß hier Kaninchen hervorkamen, dort Hasen liefen, an einem andern Plätzchen Rehe lagerten und wieder anderswo junge Hirsche ästen und daß sich außer diesen noch viele andere Gattungen unschädlicher Tiere, alle fast zahm, in froher Lust tummelten; und das erhöhte ihr Vergnügen in erklecklichem Maße.

FRANCIS BACON (1561-1626)
Über Gärten (Auszug).

Die wirklich fürstlichen Gärten [. . .] müssen einen Flächenraum von nicht unter dreißig Morgen Landes einnehmen und in drei Abteilungen geteilt sein: eine Rasenfläche am Eingang, eine Heide oder Wildnis im Hintergrund und in der Mitte der Hauptgarten, außerdem Alleen zu beiden Seiten. Am besten ist es, wenn man vier Morgen für den Rasen, sechs für die Heide,

Les échecs de l'amour
Allegorischer Liebesgarten. Um 1500

je vier für die Seitenanlagen und zwölf für den Hauptgarten ansetzt. Die Rasenfläche gewährt ein zweifaches Vergnügen, einmal, weil nichts dem Auge wohltuender ist als wohlgeschorenes grünes Gras; zweitens, weil durch die Mitte ein ziemlich breiter Pfad läuft, auf dem man auf eine stattliche, den Garten einschließende Hecke zuschreiten kann. Weil dieser Weg jedoch lang und im Sommer oder zur Mittagszeit sehr heiß sein wird, soll man sich nicht erst den Schatten im Garten mit einem Gang durch die Sommerhitze der Rasenfläche erkaufen und lasse deshalb auf beiden Seiten des Pfades einen feingezimmerten Durchgang von etwa zwölf Fuß Höhe errichten, durch den man im Schatten bis in den Garten gelangen kann. Was die Anlage von verschlungenen Wegen oder Mustern mit verschiedenfarbiger Erde betrifft, die man gewöhnlich unter den gartenwärts blickenden Fenstern des Hauses anbringt, so sind das bloße Spielereien. Man kann auf Torten oft einen ebenso schönen Anblick genießen. Der Garten selbst hat am besten die Form eines Quadrats, dessen vier Seiten mit einer stattlichen gewölbten Decke umgeben werden. Ihre Bogen ruhen wiederum am besten auf gezimmerten Pfeilern von etwa zehn Fuß Höhe und sechs Fuß Breite, und der Zwischenraum soll von derselben Breite wie die Weite der Bogen sein. Die fortlaufende, einige vier Fuß starke Hecke soll sich über die gleichfalls gezimmerten Bogen hinziehen und oben über jedem Bogen ein kleines Türmchen bilden mit einer genügend großen Aushöhlung, um einen Vogelkäfig aufnehmen zu können. In den Zwischenräumen zwischen den Bögen kann ein beliebiger anderer vergoldeter Zierat Platz finden, mit breiten Scheiben aus rundem, farbigem Glas, in denen die Sonne spielen kann. Diese Hecke möchte ich auf einem nicht abschüssigen, sondern flach aufgeworfenen, etwa sechs Fuß hohen Erdwall errichten, der ganz und gar mit Blumen übersät sein muß.

Auch meine ich, daß dieses Gartenviereck nicht die ganze Breite des Grundstücks einnehmen, sondern auf jeder Seite genügend Raum für allerlei Seitenalleen übriglassen müsse, zu denen die verdeckten Alleen des Rasenplatzes hinführen könnten. Keine der beiden Seitenalleen dieser großen Anlage darf jedoch an einem der beiden Enden Hecken haben: weder oberhalb, um nicht die Aussicht auf jene schöne Hecke vom Rasenplatz aus, noch unterhalb, um nicht die Aussicht von der Hecke aus durch die Wölbungen auf die Heide zu behindern. Die Einteilung des Bodens innerhalb der großen Hecke überlasse ich dem verschiedenen Geschmack: ich möchte nur den Rat erteilen, wie auch immer dieser Teil des Gartens gestaltet werden soll, in erster Linie darf er nicht überladen und vollgepfropft werden. So gefallen mir persönlich darinnen nicht die Figuren, die aus Wacholder oder anderen Gartensträuchern ausgeschnitten werden; das ist etwas für Kinder. Dagegen sehe ich gern kleine, niedrige, abgerundete Hecken als Einfassung, mit einigen zierlichen Pyramiden sowie dann und wann hübsche Säulen auf gezimmerten Untersätzen. Auch die Alleen würde ich weiträumig und hübsch anlegen. Auf den Seitenanlagen dürfen sie allerdings lauschiger sein, aber nicht im Hauptgarten. Gleichfalls sähe ich ganz gern in der Mitte einen gefälligen Hügel mit drei Aufgängen und Alleen, breit genug, daß vier Personen nebeneinander gehen können; sie müßten sich kreisförmig um den Hügel ziehen, aber ohne alle Bollwerke und Erhöhungen. Der ganze Hügel soll dreißig Fuß Höhe haben, und oben darauf soll ein reizvolles Lusthaus stehen mit einigen zierlichen Schornsteinen und mit nicht übermäßig viel Glas.

Springbrunnen sind eine große Zierde und Erfrischung; Teiche dagegen verderben das Ganze und machen den Garten ungesund und voll von Fliegen und Fröschen. Springbrunnen müssen von zweierlei Art sein: der eine, der Wasser ausstrahlt oder hervorsprudelt; der andere, der ein geräumiges Wasserbecken von etwa dreißig oder vierzig Fuß im Geviert füllt, aber weder Fische noch Schlamm oder Schmutz enthält. Als Verzierungen für den ersteren eignen sich besonders vergoldete oder marmorne Figuren, wie sie jetzt Mode sind; die Hauptsache ist jedoch, das Wasser so zu leiten, daß es weder im Becken noch in den Behältern jemals stehenbleibe, damit es durch die Ruhe nicht grünlich oder rötlich oder sonstwie sich färbt, weder moosig noch faulig wird. Außerdem muß es alltäglich von Hand gereinigt werden. Auch nehmen sich einige hinaufführende Stufen nebst einem hübschen Pflaster ringsum gut aus. Was die zweite Art von Brunnen betrifft, die wir ein Badebassin nennen können, so gibt sie zu allerlei Ausschmükkung und Verschönerung Anlaß, worum wir uns jetzt nicht weiter kümmern wollen, wie daß sowohl der Boden als auch die Seiten mit schönen Mustern gepflastert und zugleich mit farbigem Glase und ähnlichen glänzenden Dingen verziert sowie mit schönen Geländern von niedrigen Bildsäulen eingefaßt sein müssen. Die Hauptsache ist jedenfalls dieselbe wie bei der erstgenannten Springbrunnenart, nämlich das Wasser in ständiger Bewegung zu erhalten, daß es von einem höher als das Bassin selbst liegenden Gewässer aus schönen Wasserspeiern heraussprudelt und sodann durch unterirdische Röhren wieder abgeleitet werden muß, damit es nicht zum Stehen kommt. Was die hübschen Erfindungen betrifft, Wasser in einem Bogen auszuwerfen, ohne etwas zu verschütten, oder es in verschiedenen Formen, wie in Federn, Trinkbechern, Baldachinen und dergleichen, springen zu lassen, so ist das zwar niedlich anzusehen, trägt aber weder zur Gesundheit noch zur Annehmlichkeit etwas bei.

Der Heide, die den dritten Teil unseres Entwurfs bildet, möchte ich soweit wie möglich das Aussehen einer natürlichen

Wildnis geben. Bäume sollen gar nicht darin sein, dagegen einige nur aus Hagedorn und Geißblatt bestehende Gebüsche mit etwas wilden Reben dazwischen und der Boden mit Veilchen, Erdbeeren und Primeln bepflanzt, denn diese sind wohlriechend und gedeihen im Schatten, doch müssen sie hier und dort auf der Heide verstreut, nicht in irgendeiner regelmäßigen Anordnung stehen. Mir gefallen auch kleine Häufchen nach Art der Maulwurfshügel, wie man sie auf natürlichen Heiden antrifft, die teils mit Feldthymian, teils mit Nelken, teils mit Gamander, dessen Blüte köstlich anzusehen, bewachsen sind. Auf den einen stehen Wintergrün, auf andern Veilchen, auf noch andern Erdbeeren, Schlüsselblumen, Maßliebchen, rote Rosen; auf einigen Maiglöckchen, rote Federnelken, Bärenklau und ähnliche niedrige Blumen, die zugleich wohlriechend und hübsch anzuschauen sind. Auch müssen einzelne dieser Hügel mit kleinen Strauchstämmen, die außen Stacheln tragen, bepflanzt, einzelne aber leer gelassen werden. Die Stämme können Rosen sein, Wacholder, Stechpalmen, Berberitzen (diese nur hin und wieder, des Geruchs ihrer Blüten wegen), Johannisbeeren, Stachelbeeren, Rosmarin, Lorbeer, Hagedorn und so weiter. Diese Gesträuche müssen jedoch oft beschnitten werden, damit sie nicht die Form verlieren.

Die Seitenanlagen müssen von abwechslungsreichen, lauschigen Alleen, die reichlich Schatten geben, durchzogen werden; einige müssen so dicht sein, daß sie die Sonne auf keiner Seite durchlassen. So sollte man ebenfalls einen Teil der Alleen als Wetterschutz einrichten, damit man selbst bei scharfem Wind wie in einer Galerie darin spazieren kann; zu dem Zwekke sollen sie auch an beiden Enden mit Hecken abschließen, um den Wind abzuhalten. Ferner sind diese geschützten Wandelgänge stets mit feinem Kies zu bestreuen; Gras ist nicht zu empfehlen, weil man feucht darauf geht. Ferner muß man einzelne dieser Alleen mit Fruchtbäumen aller Art, sowohl die Mauern entlang als in der Reihe, besetzen. Dabei sollte man sich im allgemeinen zur Regel machen, daß die mit Fruchtbäumen bepflanzten Beete reichlich groß und flach, nicht abschüssig sind und mit schönen Blumen, wenn auch nur dünn und spärlich, versehen werden, so daß diese den Bäumen keinen Schaden tun. An jedem Ende beider Seitenanlagen würde ich einen Hügel von ziemlicher Höhe aufwerfen und die Umzäunungsmauer des Grundstücks brusthoch aufführen, damit man auf die Felder blicken kann.

Aber auch dem Hauptgarten möchte ich einige freundliche Alleen wünschen, die zu beiden Seiten aus Reihen von Obstbäumen angelegt sind; außerdem vereinzelte Gruppen von Obstbäumen. Ferner Lauben mit Sitzplätzen, die sinnvoll verteilt sein müssen. Sie dürfen nicht zu dicht zusammenstehen und den Hauptgarten nicht zu sehr überfüllen, damit die Luft frei und unbeengt bleibt. Denn Schatten soll man ja in den Alleen der Seitengärten finden, um dort, wenn man dazu aufgelegt ist, in der Sommer- oder Mittagshitze spazierenzugehen. Dagegen bedenke man, daß der Hauptgarten für die gemäßigteren Jahreszeiten und während der Sommerhitze für Morgen und Abend sowie für bewölkte Tage angelegt worden ist.

Vogelhäuser mißfallen mir, außer wenn sie von solcher Größe sind, daß sie mit Rasen ausgelegt und lebende Pflanzen und Gebüsche hineingesetzt werden können, damit die Vögel mehr Platz und natürliche Nistplätze haben und sich keine Fäulnis auf dem Boden des Vogelhauses sammelt.

So habe ich denn den Plan zur Anlage eines fürstlichen Gartens entworfen, teils durch allgemeine Hinweise, teils indem ich nicht ein genaues Modell, sondern nur meine Skizze dazu gezeichnet habe. Dabei habe ich keine Kosten gespart. Aber sie bedeuten ja auch nichts für große Herren, die meistens doch nur Fachleute um Rat fragen und auch nicht billiger zur Erfüllung ihrer Wünsche kommen. Manchmal fügen sie, des Prunks und der Herrlichkeit wegen, noch Bildsäulen und dergleichen hinzu, aber die richtige Gartenfreude steigern sie damit nicht.

JOHANN KLAJ (1616-1656)

Christus in der Gestalt des Gärtners.

Ach eile Maria, die zwitschernden Sänger einziehn, / Ach eile Maria, der bittere Winter ist hin, / Der Felderbereifer / Und Wiesenzerschleifer. // Es kommen die silberkristallinen Brunnen / Durch Wälder und Felder mit Lisplen gerunnen, / Da rastet der Schläfer, / Der bräunliche Schäfer. // Die künstlich bemalete Tulipe prächtiglich läßt, / Dieweil sie geschmücket und stücket der blümichte West, / Der Kältebezwinger / Und Blumenanbringer. // Es kirren und girren die Tauben im Schatten, / Die frommen und friedlichen Störche sich gatten, / Violen ausblühen, / Was willst Du verziehen? // Schau meinen durchbohreten Leib und eröffnete Brust, / Aus welcher gequollen der rötlich gefärbete Must, / Betrachte die Glieder, / Wie glänzen sie wieder. // Ach herze mich nicht, ich bin noch nicht gezogen / Hindurch die mit Sternen gewölbeten Bogen, / Der Fried' ist getroffen, / Der Himmel ist offen. // Ach eile Maria, den flüchtigen Jüngern zu sagen, / Ich fahre zu meinem und euerem Vater mit Wagen, / Die Thronen mich gleiten, / Den Einzug bereiten.

Textnachweise

Die im Kapitel ›Ausgewählte Quellen‹ zitierten Texte folgen den Ausgaben:

Albertus Magnus (S. 85ff.): In: Clemens Alexander Wimmer, *Geschichte der Gartentheorie*. Darmstadt: Wissenschaftliche Buchgesellschaft, 1989, S. 21-23.

Bacon, Francis (S. 100-107): In: *Essays*. Übers. Elisabeth Schücking. Wiesbaden: Dieterich'sche Verlagsbuchhandlung, 1946, S. 207-217.

Boccaccio, Giovanni di (S. 98ff.): *Das Dekameron*. Übers. Albert Wesselski. Leipzig: Insel Verlag, 1909 (Neuausgabe 1980, S. 286-288).

Crescenci, Pietro de (S. 91-95): In: Clemens Alexander Wimmer, *Geschichte der Gartentheorie*. Darmstadt: Wissenschaftliche Buchgesellschaft, 1989, S. 25-29.

Guillaume de Lorris und Jean de Meung (S. 88-91): Übers. Heinrich Fährmann. Berlin: Vereins-Buchhandlung, 1839, S. 62-67.

Hildegard von Bingen (S. 82ff.): *Naturkunde. Das Buch von dem inneren Wesen der Naturen in der Schöpfung*. Übers. Peter Riethe. Salzburg: Otto Müller Verlag, 1980, S. 15-17.

Hrabanus Maurus (S. 75f.): In: *Patrologiae cursus completus*, Bd. 111. (Nachdruck der J.-P. Migne-Ausgabe von 1852), S. 530-532. Übers. Mario Beilhack.

Johann Klaj (S. 107): *Christus in der Gestalt des Gärtners*. In: Deutsche Barocklyrik. Zürich: Manesse Verlag, 1977, S. 214f.

Karl der Große (S. 74f.): *Die Landgüterordnung Kaiser Karls des Großen*. Übers. Wilhelm Fleischmann. Leipzig: Deutscher Landwirtschaftsverlag Berlin, 1990, S. 94-98.

Lukrez (S. 73): *Von der Natur der Dinge*. Übers. Wilhelm Binder. Berlin: Langenscheidt'sche Verlagsbuchhandlung, 1930 (Erstausgabe 1909), S. 43.

Marco Polo (S. 95): In: *Die Reisen des Venezianers Marco Polo*. Übers. August Bürck (nebst Zusätzen und Verbesserungen von Karl Friedrich Neumann). Leipzig: Teubner Verlag, 1845, S. 117-121.

Nizami (S. 85): In: *Die sieben Geschichten der sieben Prinzessinnen.* Übers. Rudolf Gelpke. Zürich: Manesse Verlag, 1959.

Walahfrid Strabo (S. 76-82): *Liber de cultura hortum. Hortulus.* Übers. Hans-Dieter Stoffler. Darmstadt: Wissenschaftliche Buchgesellschaft, 1985, S. 75ff.

Bildnachweise

Archiv für Kunst und Geschichte, Berlin: Seite 89.
Bayrische Staatsbibliothek, München: Seite 61.
Bibliotheque Nationale, Paris: Seite 9, 13.
Bildarchiv Preußischer Kulturbesitz, Berlin: Seite 47.
British Library, London: Seite 41, 57, 64.
Graphische Sammlung, München: Seite 37.
Musée des Beaux-Arts, Rouen: Seite 24/25.
Österreichische Nationalbibliothek, Wien: Seite 17, 29, 49.
Simeonstift, Trier; Foto: Bernhard Matthias Lutz: Seite 20.
Staatsgalerie, Stuttgart: Seite 101.
Städelsches Kunstinstitut, Frankfurt/Main; Foto: Blauel/Gnamm – Artothek, Peissenberg: Seite 53.
Stiftsbibliothek, St. Gallen; Foto: Carsten Seltrecht: Seite 7, 34.
Victoria and Albert Museum, London: Seite 93.
Aus: P. de Crescentiis, Von den nutz der ding. Strassbourg 1518: Seite 81.
Aus: Albert Hauser, Bauerngärten in der Schweiz. Zürich und München 1976: Seite 11, 63.
Aus: Christopher Thacker, The History of Gardens. London 1979: Seite 90.
Aus: Très riches heures du Duc de Berry. Musée Condé, Chantilly: Seite 44.
Aus: Walafrid Strabo, Liber de cultura. Hortulus. Darmstadt: Wissenschaftliche Buchgesellschaft, 1985: Seite 77.

Inhalt